U0484473

中国民间文艺之乡
山东高密
被中国民间文艺家协会命名为
中国扑灰年画之乡

《中国民间文艺之乡》总编委会
　　总顾问：冯骥才
　　编委会主任：罗　杨
　　编委会副主任：张志学　周燕屏　吕　军

　　总主编：罗　杨
　　常务副总主编：周燕屏　朱　庆
　　副总主编：王锦强　徐岫鹃
　　执行总主编：刘德伟　柴文良
　　编　辑：王东升　王柏松　周小丽　王素珍　李婉君　龚　方

《中国扑灰年画之乡—山东高密》编委会
　　主　任：范福生　杨建华
　　副主任：万　丽　徐方吉　翟　敏
　　委　员：邵春生　徐　明　伊红梅　魏兆强　邹治方　柳　勇　管桂珍　郭恩双
　　　　　　臧延琪　牟　文　展丽丽　孙　燕　王金孝　代金喜　王修文　吕蓁立
　　　　　　范祚信　聂希蔚　别世杰　齐秀花　王树花　王俊波　王立军　赵多欣
　　　　　　孙　晶
　　主　编：徐　明
　　统　筹：伊红梅
　　编　纂：王金孝

中国扑灰年画之乡 山东高密

主编 徐明

中国文联出版社
http://www.clapnet.cn

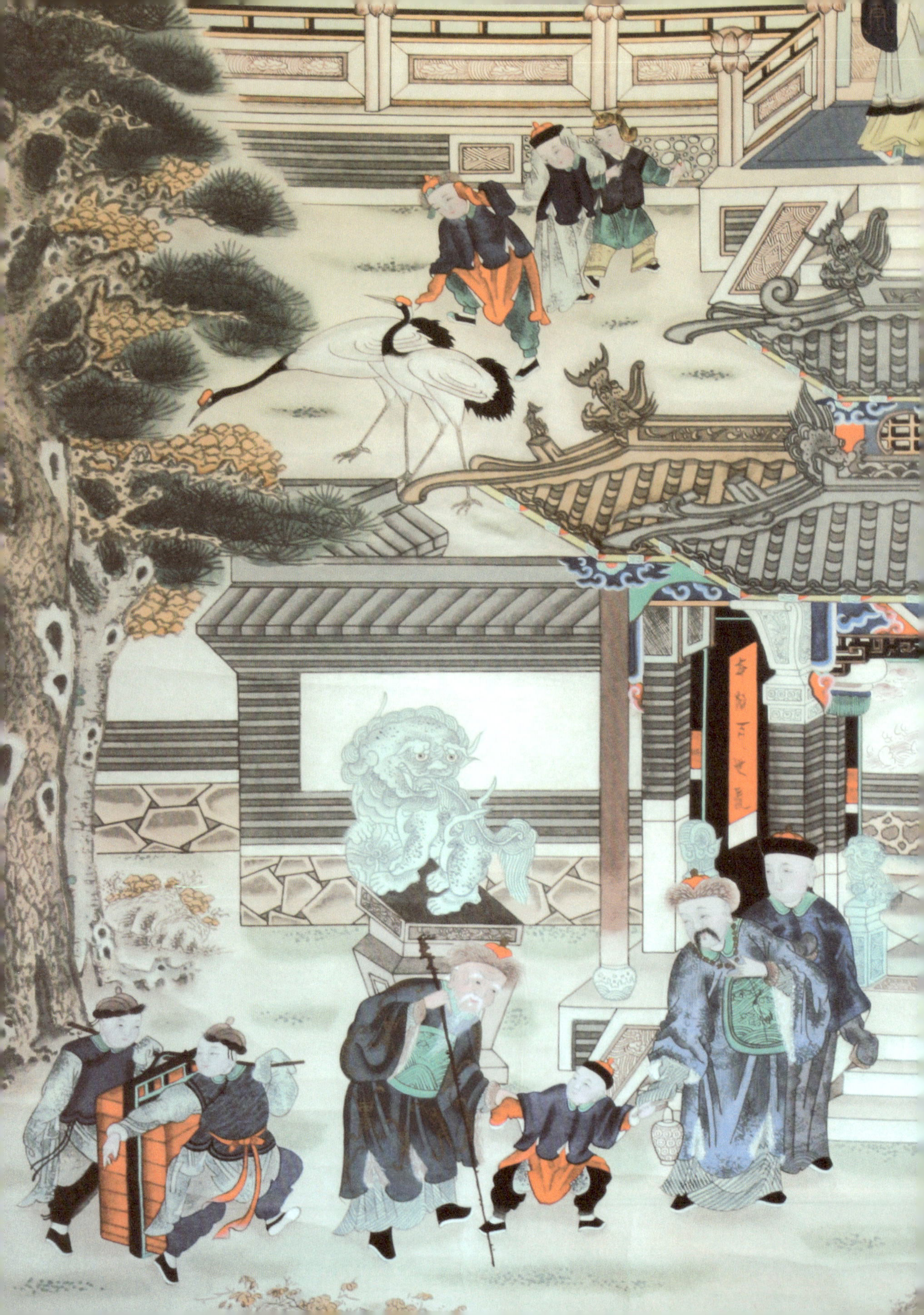

吕蓁立绘制的《家堂》局部（伊红梅供图）

让民间文艺之花在乡土中绽放

罗 杨

当插秧机在田野里穿梭，打春牛的习俗还会有吗？当电视机进入千家万户，还有老人娓娓道来地讲故事吗？当天气预报准确预测风霜雨雪，农谚还能在生活中流传吗？当嫦娥飞船已经成功探月，嫦娥的传说还保有那份神秘色彩吗？当藏族牧民搬入城镇，格萨尔史诗还能吟唱多久？当农民迁入楼房，古村落社火庙会还会热闹地上演吗?凡此种种，都不禁令人叩问不已。

民间文化是民族文化的摇篮和根基，然而，在全球化发展日趋迅猛，各种思想文化相互激荡的今天，很多民间文化遗产，特别是深藏在偏远乡村的文化遗产正面临窘境：有的因无法传承而濒危，有的因未被重视而灭绝，有的因过度开发而变得面目全非。由此，人们越来越深刻地认识到，保护本民族和本地区的文化遗产，彰显其别具一格的地方文化特色，已成为捍卫民族民间文化独立性的必然选择。由中国民间文艺家协会开展的中国民间文化之乡命名工作，就是一项对地方特色文化进行保护传承的有效举措。

人类生活不仅需要一个生态良好、宜居幸福的物质家园，还要有一个能够让人们随眼入心留下鲜明历史和文化印记的灵魂居所。只有保留住灵魂的家园，才能使人在浮躁的社会里得到更多的心理安宁和身心愉悦，从而提高生存和发展的质量。反之，如果忽视了对当地民俗的尊重和精神传续，就等同割断了历史记忆和文脉传续。这样的家园即使房子盖得再好，设施再现代化，都会使人产生陌生和距离感，无处安放和抚慰屡遭纷扰的心灵。而被需求呼唤出来的民间文艺之乡，正是当今人们赖以生活的家园和灵魂的庇护所。活态沿革的民间文艺之乡不仅记录着本地区历史文化发展的轨迹，也反映着当地民众的道德观念和审美情趣。丰富的历史文化基因和独特的心灵密码使之成为当地人民群众灵魂的归宿。试想，如果没有那些世代流传于村巷阡陌，铭刻于民众心头，穿越历史时空的神话、传说、故事、歌谣以及代表地域特色的民间习俗，人们该如何回味家园和故乡？民间文化寄托着民众的欢乐和悲伤，引导着民众对宇宙、历史、地方和家园万物的理解。离开了民间文化，人们将无法识别和了解一个地方的地域特色和乡土文化。可以说，在广袤的国土上，到处都有独特的地理景观和与之相观照的民俗文化和风物传说。也正是由于有了风土人物等民间文化的晕染，才使一个原本只是地理意义的地方产生了诸如精卫填海、嫦娥奔月、天女下凡、得道升天、风水堪舆、福地洞天等富有传奇色彩的文化意义，有了超越自然景观以外的丰富内涵，从而为本地人勾勒出一幅寄寓心灵深处的乡土画卷，为外来者呈现出一个令人神秘向往的世界。青田的石雕文化，荆州的三国文化，庆阳的香包文化，宜兴的紫砂文化，丽水的龙泉青瓷……人们常常会追问，为什么阆中有个春节老人？为什么涉县唐王山有座女娲宫？为什么这里是愚公的故里？为什么那里是孟姜女哭长城的地方？为什么沙田唱水上民歌？为什么祁连唱藏族拉伊……正是这些历久弥新的风物传说和文化事项，才使一片原本洪荒的土地成为具有深厚文化底蕴的沃土，成为受人关注的地方，也令民间文艺研究者接踵而至。他们对民间文艺之乡的关注并不在于山川秀丽，山花盛开的自然世界，也决不是要铺陈出一个自然地理的图卷，而是要展开一幅铭刻在中华儿女心中的人文地图。

民间文艺之乡不容造假和忽悠。随着中国社会经济的发展，民间文化建设越来越受到各方面重视。很多地方通过对本地民间文化的深入挖掘和整理，建设成为富有历史底蕴和文化特色的民间文艺之乡。与此同时，我们也注意到，一些地方出现了拼命寻找和争抢民间历史文化资源的现象，甚至夸大其词制造假象，出现了"先造谣再造庙"浅薄浮躁的诟病，甚至以传承文化的名义打造出一批真实性与文化内涵近乎乌有的假景观和假人物，并藉此大搞商业开发活动。所谓的品牌与名片可以有助于文化的传播与发展，但如果缺失了对文化的虔诚和敬畏，就会造成对文化传统的歪曲和贬低。正因如此，民间文艺之乡的创建应该有自己的品位与追求，有自己的境界与底线，不能停留在市场运作与传媒炒作的层面，不能停留在招牌与名片的层次。任何与民间文化遗产相关的开发项目，都应当考虑其对文化传承的影响。要避免过度开发和不当开发破坏其固有的遗产价值。如果只是按照旅游经济的需求重塑文化认同，以假冒的民间文化代替原生态民间文化，既严重亵渎了民间文化资源，又浪费了大量经费，则必然会贻害子孙，贻害社会。

民间文艺之乡不仅仅是品牌和名片。祖先给我们留下的壮丽河山与丰富的人文遗产，首先是对人类文化多样的完美演绎，是对人类精神世界的满足，是对人民文化生活的丰富，是对人们道德情操的滋养，是对民族精神的凝聚与升华，是对悠久历史与美好未来的寄托与拓展。申办民间文艺之乡只是捍卫传播乡土文化的动力，保护文化根基才是根本，绝不能把"品牌"和"名片"作为建设民间文艺之乡的目的，不应把富矿般的民间文化资源当作商业标签来使用。申报民间文艺之乡决不能只看重一地一时之利，决不能寅吃卯粮鼠目寸光，要有风物长宜放眼量，着眼长远和未来的襟怀和气魄，把着眼点放在民族民间文化和人类文明的未来上。

民间文化之乡留给我们的是民俗文化传承和积淀的财富，命名民间文艺之乡不是民间文艺抢救保护工作的结束，而是文化传承弘扬和发展的接力跑。民间文艺之乡经专家认证命名后，当地的建设者们还要花更大、更多的人力、财力和物力去确保民间文化"原汁原味"地传承下去，使它的历史价值和文化意义不止步于过去和眼前的光鲜，而是在未来焕发出更加绚烂的光彩。

实践证明，民间文艺之乡是保护抢救民间文化遗产，建设中华民族共有精神家园的有效载体。凡是民间文艺之乡发展好的地区，都呈现出经济发展、社会和谐的局面。人民群众对乡土文化的高度热爱和广泛参与，正在被内化为保护非物质文化遗产的文化自觉，这种文化自觉被转化为巨大的精神动力，在新农村文化建设、构建社会和谐中正释放出不可低估的能量。通过民间文艺之乡的品牌效应，真正实现了历史文化得以彰显，文化设施不断完善，文化精品层出不穷，文化市场繁荣有序，文化产业协调发展，群众文化丰富多彩，文明程度明显提高。因此，充分发挥民间文艺之乡在推动社会主义文化大发展大繁荣中的作用，将是中国民协一个长期的课题和长远的任务。

我们非常高兴地看到，通过我们多年的不懈努力，民间文艺之乡在保护非物质文化遗产、开创地域文化品牌、振奋民族精神、促进地区经济发展与社会和谐中正发挥着不可替代的作用。很多地方政府充分认识到了民间文艺之乡在新农村文化建设中的价值和作用。他们以民间文艺之乡为依托，以树立文化品牌为己任，着眼于文化类型和区域文化的特点，以政府、专家和人民群众的共识为合力，立足保护和传承本地独特的民族文化、传统文化、地域文化等，挖掘整理抢救地区历史和民族文化中蕴含的思想情感、道德观念、信仰意识、价值取向、风土人情、民俗文化等核心内容，对成为当地形象"名片"的文化符号、文化景观、文化标志加以保护和宣传；将地区特色文化融入经济社会发展和新农村建设的方方面面，有效地保持了文化的历史性、丰富性以及多样性、新颖性。我们相信，民间文艺之乡的建设和发展，必将谱写出当代新农村文化和精神家园建设的和谐乐章，必将为后人留下一幅历史文化记忆和地域风采的绚丽画卷。

目 录 >>>

序 言 001

第一章　传统文学 001
　　大禹的传说 002
　　城阴城的传说 006
　　没尾巴老李在高密的传说 011

第二章　传统音乐、舞蹈 021
　　乡土气息浓郁的高密民歌 022
　　独具一格的街头演艺——高密地秧歌 027
　　土味儿十足的民间舞蹈——撅登官 032

第三章　传统戏剧 037
　　拴老婆橛子戏——高密茂腔 038

第四章　传统体育与竞技 059
　　武林中的一朵奇葩——地龙经拳 060
　　阴阳变化、招招制敌——九五拳 068

第五章　传统美术 077
　　中国一绝——高密扑灰年画 078
　　世界遗产——高密剪纸 116
　　东方神韵——聂家庄泥塑 133
　　年画林中绽放的又一朵奇葩——高密半印半画年画 ... 155

线条独特优美——高密木版年画　　161
　　柔而不燥、敲之欲鸣——高密黑陶　　169
　　浑厚有力、质朴简洁——高密石雕　　177
　　淳朴敦厚、色彩艳丽——高密面塑　　183
　　千变万化、奇巧百出——高密手绘风筝　　191

第六章　传统技艺　　197
　　盛名远扬的"邵铁匠"——高密菜刀　　198
　　妙手回春的画郎中——字画装裱与修复　　202
　　华夏红纸第一村——高密大红纸　　207
　　朴实自然、造型美观——高密柳编　　211
　　色彩艳丽，富有动感——割花虎头鞋　　221
　　嘎渣焦脆、味道鲜美——高密炉包　　227
　　皮薄酥脆、清香蜜甜——高密大蜜枣　　231

第七章　传统医药　　235
　　传统黑药、疗效神奇——金蟾膏　　236

第八章　民　俗　　241
　　请家堂拜祖先——高密年俗　　242
　　东北乡礼仪——婚俗　　255

序 言

高密市位于山东省潍坊市东端，东依海滨城市青岛。版图面积1526平方公里，辖7个镇、3个街道、1个省级经济技术开发区、960个行政村（居），人口87.6万，是全国百强县、全国科技创新示范县、全国商标百强县、全国集约节约用地模范县、全国义务教育发展基本均衡县、中国家纺名城、国家园林城市、中国民间文化艺术之乡、中国扑灰年画之乡和中国长寿之乡。

高密，素有"凤凰城"之美誉，是龙山文化、海岱文化、齐鲁文化的发祥地之一。高密是"大禹封国"，自秦代置县已有2200多年建制历史。在这片古老而神奇的土地上，人才辈出，文脉绵长。齐相晏婴、汉代经学大师郑玄、清代大学士刘墉诞生在这里，被誉为"高密三贤"，2012年度诺贝尔文学奖获得者莫言的家乡也是高密。

智慧、诚信、富有创造精神的高密人民，在这片古老的土地上，繁衍生息，辛勤劳作，创造财富，创造文明，积淀了丰厚的文化底蕴，历经数千百年的世代传承，流传至今。地域特点影响地方文化的个性。高密地处山东半岛咽喉，是世界风筝都潍坊和海滨名城青岛的通衢之地，两种地域文化在高密自然融合，兼收并蓄，丰富和发展了高密的民间文化艺术，造就了雅奏迭起、音韵绵长、独具风格的高密地方文化。其民间艺术种类繁多，风格独特，艺术精湛，承载着浓厚的民族文化内涵，凝聚着人民群众丰富的才华和智慧，堪称中华民族艺术宝库中的乡土瑰宝。其中以扑灰年画、剪纸、泥塑、茂腔最具代表性，被誉为"高密四宝"，蜚声中外。还有民歌、民间传说等民间文艺，地龙经等稀有拳种以及各种节俗、婚俗、礼俗等民俗文化，都是得天独厚的人文资源。历史上这些大雅大俗的文化品牌，以相当的造诣，形成了高密独特的文化特色，成就了高密文化内涵，延伸着高密文化脉络。

非物质文化遗产既是历史发展的见证，又是珍贵的、具有重要价值的文化资源。2002年，高密即开始了非物质文化遗产的全面普查和保护工作，形成了珍贵的文字、视频、录音资料。2006年5月，高密茂腔、扑灰年画成功申报为国家级首批非物质文化遗产保护名录。经过积极申报，目前已有4项列入国家级非物质文化遗名录，8项列入山东省级名录，23项列入潍坊市级名录，83项列入高密市级名录。2010年"高密剪纸"入选联合国教科文组织"人类非物质文化遗产代表作名录"。拥有国家级非物质文化遗产代表性传承人3名，省级代表性传承人12名，潍坊市级代表性传承人27名。其中，范祚信、聂希蔚被评为首批"山东省传统技艺大师"，吕蓁立、范祚信、聂希蔚、齐秀花等4人被评为首批"潍坊市民间艺术大师"。同时，高密还命名了吕蓁立、范祚信、聂希蔚等3个民间艺术作坊为"高密市民间艺术大师工作室"，确立了姜庄镇甄家屯、王家城子等10个村为"扑灰年画生产保护村"，聂家庄等3个村为"泥塑生产保护村"，河南村等3个村为"剪纸生产保护村"。2012年，聂家庄村被山东省文化厅命名为山东省十大非物质文化遗产保护特色村，泥塑传承人聂希蔚被评为山东省非遗保护十大模范传承人。

建立了非物质文化遗产档案资料室、资料数据库、珍贵实物陈列厅，编辑出版了《高密民艺四宝》系列丛书和《高密市非物质文化遗产普查资料汇编》，与中国传媒大学合作拍摄了电视纪录短片《中国高密年俗》。通过扎实有效的工作，推动了非物质文化遗产保护和发展工作，高密民间文化艺术得到了长足发展，先后被命名为"山东省社会文化先进县"、"中国民间文化艺之乡"、"中国扑灰年画之乡"和"扑灰年画保护基地"。中国工艺美术学会民间美术专业委员会第十一届年会、中国（高密）扑灰年画研讨会先后在高密举行。高密茂腔继《盼儿记》晋京演出取得成功，2009年又巧借媒体和莫言名人效应，在中央电视台戏曲频道通过莫言专访"茂腔情结"专题播出，2014年又根据莫言原著改编、排演出大型现代茂腔戏《红高粱》，进一步扩大了高密茂腔的影响，提高了高密的知名度。

《中国扑灰年画之乡——山东高密》是高密市非物质文化遗产名录专辑，相信通过该书的编辑发行，对于丰富高密文化资料，增强传统文化记忆，推进非物质文化遗产的传承与保护，促进高密文化的繁荣和发展，有着深远的历史意义。

编 者

2014年12月

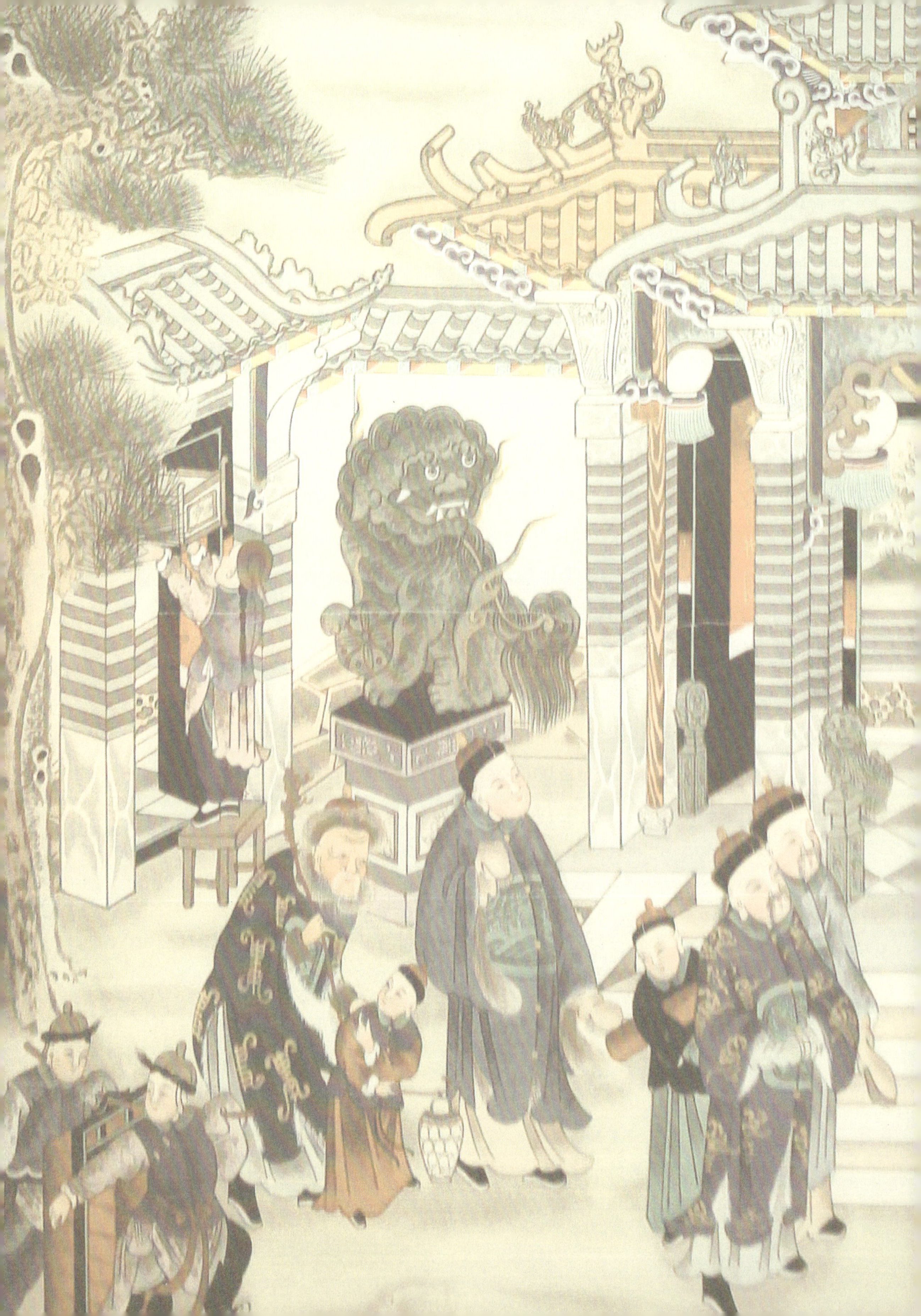

第一章 传统文学

大禹的传说

相传,大禹治水成功后,得到了舜的封赏,即将高密册封给了大禹,并许诺大禹所封之国可有一箭地之大。大禹便弯弓引箭,正射中天空中飞翔的一只鸿雁,这鸿雁一直向东飞去,飞向东又向北,就要飞向大海时,这枝箭落入了蓬草当中,大禹的封国就到这儿成为边界。

据文献记载,大禹与高密有密切关系。《史记·夏本纪·索隐》:"又按《系本》,鲧取有莘氏女,谓之女志,是生高密。宋衷云:'高密,禹所封国'。"罗泌《路史》卷二十三《夏后氏》注:"密,今密之高密,禹之初封。"根据《文史杂志》2005年第5期周述椿先生的研究发现,禹最初的名字就是高密。禹的名字有两个,一个叫高密,一个叫文命。结合古代文献和考古发现来考虑,许多学者都认为在距今4200年以前,东夷地区已经建立起一个具有国家规模的夏王朝,这个王朝的领袖是一位善于治水的大禹,他主要以治水之功获得领袖地位。由此也可断出禹封国于高密,正是当年地处东夷的高密。

另据有关的神话传说,高密"凤凰城"的由来亦与大禹有关:华夏在古代闹过一次大水灾,水势之浩大,灾害之严重,使人难以想象。大地一片汪洋,庄稼淹没了,房屋冲塌了,人们扶老携幼,都逃到山上或大树上去。有的人虽然逃到了山上或树上,但因为经不住风雨的吹打,或找不到食物,不久就冻死或饿死了。那些侥幸逃到了比较大的山上的人,虽然可以到山洞栖身,或用树枝树叶搭起窝棚躲避风雨,寻找树皮、野菜充饥,暂时维持生命,但人多树少,加之因逃避洪水上山的各种毒蛇猛兽的威胁,所以每天被淹死、饿死、冻死,以及被野兽毒蛇侵害而死的,不计其数。这时,人们都苦苦地哀求帝喾,祈求斥逐洪水,把他们从死亡中拯救出来。但高高在上的帝喾,对于人们的苦苦哀号,毫不理会。人们悲惨的遭遇倒是感动了天神鲧,他骑万鸟之神凤凰从天庭偷来"息壤"(神土,能生长不息),广布大地,阻止洪水泛滥。帝喾知道了,大怒,将"息壤"收回,并派火神祝融前去杀死了鲧。

鲧死后,神鸟凤凰依其神力保护着鲧的身体,三年而不腐,腹中并孕育着一颗伟大的灵魂——大禹。不久,大禹化为黄龙自鲧腹中冲天而出……凤凰也由此化为一片神土，即现在的高密城所在地。至今高密城地势仍状如凤凰。故高密被称为"凤凰城"。

大禹画像

相传，大禹在高密时，因高密的洪水泛滥，让大禹非常焦急，特别是蛟河中有一条蛟龙更是兴风作浪，连年发水，并带领其九子及蛇、龟、鳖、蟹之类兴水起风，使大禹治水难上加难。大禹便日夜观察，发现了蛟龙的习性，令大家使用滚木雷石击之，最后将蛟龙困于深井，那里正好有大禹设下的圈套，大禹早在井中立上了石柱，蛟龙入井后，他赶紧将蛟龙锁住，使其永不能出。后来人们为了纪念大禹的功德，便将这条河改为蛟河，但为避忌"蛟"字，特改为"胶河"，这就是今天胶河的由来。

大禹文化精神与灵性在高密代代相传，使其成为人杰地灵的风水宝地，千百年来所涌现的各类人才如满天繁星，熠熠生辉，思想家、政治家、军事家、科学家、文学家层出不穷，蔚为大观。其中有潜心著述、遍注群经、为汉代经学研究和发展做出重大贡献的东汉大司农郑玄；有著名的政治家、外交家、齐国名相晏婴；有博学多才、秉公持正的清代大学士、大书法家刘墉；有蜚声世界的诺贝尔文学奖获得者莫言……高密人民继承和发扬大禹精神，在迈向现代化中等城市征程上，涌现出许多艰苦奋斗、无私奉献的可歌可泣的事迹，鼓舞和推动全市经济与社会发展不断取得更加崭新的成果。

大禹治水三过其门而不入画作

　　大禹治水对后世的影响，不仅是其功绩对后世的影响，关键一点是大禹对待治水的态度 对后世的影响十分重大。最为著名当属"三过家门而不入"的故事，从这个方面世人看到了一位公而忘私、一心为民的大禹，人们自然愿意跟随这样的头领一起。通过人们口口相传，使这些历史人物越来越具有神奇性、神话性，人们根据大禹的神话传说对身边的事物加以美化，故出现了许多更加生动、鲜活的传说。

　　大禹精神影响了后期人们的生活，特别是大禹的精神对齐鲁文化的影响。高密是拥有着悠久历史的大地，对"大禹与高密"的研究，必将会为我们带来更多

新鲜的活力与自省。研究大禹文化，旨在进一步弘扬大禹文化。弘扬大禹文化，重在继承和发扬大禹文化精神，把大禹文化这一宝贵的精神财富，转化为巨大的物质财富，促进社会主义物质文明建设。大禹高密既是一古老的文化现象，又是一崭新的研究课题，相信，随着这一课题研究的不断深入发展，必将为大禹文化增添更加丰富的内涵，让大禹精神放射出更加璀璨的光芒。

2013年10月16日在高密举行"大禹高密"文化研讨会暨大禹与齐鲁文化研究首发式

为了更好的研究大禹文化脉络，传承大禹精神。2008年高密诗人牧文撰写出版了"华夏龙魂第五部《大禹之歌》"。2009年成立了潍坊市尧舜禹研究会，牧文任秘书长。研究会以研究尧舜禹文化为主线，以组织相关学术活动为方式，以发表论文、出版书籍等为载体，研究、宣传尧舜禹精神及我国传统文化，培养和提高人们的民族自豪感和自信心，促进我市传统文化的健康发展，为建设和谐社会助力。2013年，在高密隆重举行了"大禹高密研讨会暨大禹与齐鲁文化研究首发式"。2014年4月，牟文"华夏龙魂"七部长诗，作为中国作协重点扶持作品又重新整理出版，并举行了作品首发式。2014年"大禹的传说"被列入潍坊市级非物质文化遗产名录。下一步,尽快进行历史区域的考察及保护,进一步全面地开展普查工作,彻底摸清大禹的传说形成史料。进一步深入研究大禹的传说,将其编纂成各种文体予以出版。制作大禹动画片和神话片,对大禹传说进行广泛的宣传。建设大禹纪念馆,提高大禹传说的知名度,达到人尽皆知。这一系列举措,必将对大禹文化的研究与传承起到积极地推动作用。

城阴城的传说

城阴城,坐落在潍河中游的东岸,地处胶潍平原南端,位于今高密市井沟镇西北约四公里处。是一座方城,西南东北的长度均为2公里,周长约8公里。原城的东南是薛家老庄,西边是田庄,城北是城后十几个小村庄。南门前有鹅鸭池,(城南有一片洼地)成群的鹅鸭自由自在的嬉戏。向前约一公里处有一座军营(前营村和后营村),成队的着古装的军人,喊着雄壮而嘹亮的号子在操练。城后门的城郭内有一个寨子(寨庄),设置了路障,两军士盘查着进进出出的行人。城北的郊外有十几个甸子(秦家甸子、鲁家甸子等),保障着城北的安全(古时都城的郭外称郊,郊外称甸)。在古城的西北角,是信息中心和商业中心(前、后铺村)。南来北往的信息,通过快马或舟楫传到这里的驿站(古时以河岸为道),再呈送到城里的统治者手中。这里店铺林立,熙熙的人群,进出各个店铺,购买着自己喜爱的物品。同时这里也是满足着城里统治者骄奢生活的物资供应地(铺即店铺或驿站)。直到有一年,战鼓咚咚,号角连连,喊杀阵阵,撕碎了田园诗般的历史画面,这里成了楚汉相争的古战场。千百年来,谜一般的传说搅动着人们对城阴城人文历史的怀念和传播。

高密城阴城遗址牌坊

一、"潍水之战"与城阴城地名　"潍水之战"是历史上有名的战役，城阴城周围地名与之有联系且十分有意思，如："韩信坝"、"张良沟"、"龙且冢"等等，而前营、后营、寨庄等村名一看就与军营有关。他们之间到底有什么联系呢？历史上的"潍水之战"之战很精彩："韩信乃夜令人为万馀囊，满盛沙，壅水上流，引军半渡，击龙且，详不胜，还走。龙且……遂追信渡水。信使人决壅囊，水大至。龙且军大半不得渡，即急击，杀龙且"。后人为纪念韩信将其拦水筑坝的地方称为"韩信坝"，《高密地名志》也有"韩信坝"的记载，在今诸城市北古县村东，有当地人称为"张良沟"的一条深沟，它位于城阴城西南，今城子村西泄水站，东西走向，深十余米，宽10—20米不等，东接潍河，西一直连向泄洪沟。传韩信为方便筑坝和刺探军情，依张良之计在潍河东岸偷挖一排水沟。通过这条沟将潍河水引出，与此同时在潍河下方用沙袋筑坝蓄水。

龙且死后,被葬于城阴城西南,称为"龙且冢"。整个冢高约15米,直径60米,底呈方形,位于今高密大圈村东,西据潍河约3公里,离城阴城约1公里。封土为夯土,北部因村民挖土有一定破坏,形成陡崖,南面保存完好,冢通身长满荒草和小灌木。此冢当地人称为"古王冢"又叫"大冢子"。

二、"城阴城"与当地民俗 城阴城作为一座历史悠久的古城,其存在对当地的风情,民俗也产生了不小的影响,并留下了不少动听的传说、神话。这些风俗和传闻也从侧面验证了城阴城的久远历史和深刻影响。

在今高密西乡(主要是双羊,井沟两镇)流传最广的是"小铁牛"的故事:古时候,城阴城一到夏天就暴雨连天,潍河水涌涨而出经常泛滥成灾。可是古城中供奉着一宝牛,名唤"小铁牛"。每当河水泛滥时,小铁牛一口便将水全部喝进去。可是这小牛最怕的就是麦糠了,一旦呛着它就喝不下水了,于是城中禁止向水中倾到麦糠。可是不幸的事发生了,这个消息让坏人知道了,在一次涨水时,他们将麦糠投入水中。小铁牛没有注意,连糠带水一同吞了下去,结果给呛着了,这一呛不要紧,连同上几次的水一起吐了出来。顿时大水汹涌而来,淹没了整个城阴城,小铁牛见闯了大祸就沿着潍河一直跑到了"围子区"。此地河沟纵横,地形复杂,铁牛便被拦住去了路,后来这地方便被叫做"潍坊"。

从此,这里的人们每到大年初一早上都要在大门口横放一根大木棍叫做"栏牛棍",来防止小铁牛再次跑了。而到正月十五晚上,人们都要走出家门,提着灯笼出来唤铁牛(俗称"唤喵")希望小铁牛它能回来。

这一风俗充分反映当时古城阴城之地降水充足,而潍河河床较高、较宽,河水极易泛滥。同时依据《高密县志》关于"韩信坝"的记载,古城距潍河不远,因而韩信"潍水之战"的成功很大程度上归功于"天时"、"地利"的因素。而如今,潍河河床日益缩减,水量不足,古城距潍河已有2.5公里,地形、气候的变迁或许与城阴城的"废弃"有很大的关系。

城阴城西南有汉代大儒——郑康成的故居"郑公祠"(位于今高密市双羊镇后店村),每到清明节,周边男女老少都会到此扫墓、祭奠。充分显示出当地人对这位儒学大师的敬仰和尊师重教的传统。如今在高密城"康成路","康成中

高密城阴城遗址

学","康成书院"等地名随处可见,这都显示出这位大儒对后世的深远影响。

三、保护与开发的建议和设想 城阴城为何被毁,一直以来都是个谜。《高密县志》仅载"寻以兵乱县废","……毁于战火"简单几句话而已,考之其他资料均无记载。宫室建筑基址上面的堆积中夹杂许多灰土、夯土块、红烧土和零星的白灰等。基址暴露着大量筒瓦、板瓦,大都为红色、蓝色而非灰色。这些现象的形成可能是被火烧过,这似乎可以与县志记载相印证。

城阴城对于研究秦汉时期城池构造以及山东半岛的历史有一定价值。如今这座古城由于缺少系统的保护,破坏严重,希望能尽快对古城来一次规模大的挖掘,以发挥其应有的价值。

建国以来,党和政府对城阴城加强了保护管理,并公布为省级重点文物保护单位。1981年冬,在城址的东南角发现了墓葬区,出土了部分遗物,引起了考古工作者重视。对城阴城进行了细致的实地测绘和详细调查，并对一些重要的足迹进行了钻探，从而获得了一些重要的地层资料，初步查明了城阴城的大体建筑年代、形制和布局，为今后的科学发掘打下了基础。2000年，城阴城遗址列为第二批潍坊市级文物保护单位。2008年，"城阴城的传说"被列入高密市级非物质文化遗产保护名录，2013年列为山东省级文物保护单位，2014年列入潍坊市级非遗名录。

文化遗址作为历史发展、环境演变和人与自然关系的真实记录，具有深厚的科学文化底蕴，不仅是考古学研究的对象，也是政治、经济、文化、环境、艺术、建筑、生态、地理等领域直接或间接研究的对象。同样也是重要的景观旅游资源，不仅以直接或间接的历史教育、文化教育和科学教育的功能作用于现代社会，而且对增强民族凝聚力、培养爱国主义精神、促进旅游经济的发展都具有重大的现实意义和深远的历史意义。结合西安半坡遗址考察学习经验，对城阴城文化遗址的保护与开发设想如下：

1. 城阴城文化遗址的保护原则：抢救保护与挖掘展示并举，将城阴城文化遗址保护与开发纳入土地利用和农村集中居住区建设的总体规划。把城阴城文化遗址保护展示与产业调整、特色旅游、生态农业、区域经济、安居工程、城乡绿化、农民脱贫致富相结合。发挥政府职能，广泛动员全社会力量共同参与，以公益性投入为主导，建立多元化投入机制。

2. 文化遗址的保护不同于园林型的建设，必须遵循遗址与文物保护的原则。在充分了解遗址地上和地下文物的基本情况后，才能使保护规划具有科学性和可靠性。要积极配合基本建设，开展城阴城文化遗址抢救性发掘工作，适时进行保护性发掘，弄清遗址的性质、内涵、价值、遗迹的分布、保存状况等，为城阴城遗址保护规划的编制和实施提供帮助。为此，建议先请文物、文化遗址专家对城阴城文化遗址进行专业性规划，拿出可行性方案，进行规范化保护与开发。

3. 对现保存的较完好部分城墙遗址用钢结构罩起来，城墙根周围不要填埋土石，要尽量下挖，显示出城墙根部，以提高城墙遗址的观赏性。围墙可用砖砌的古城墙架构方式，墙外四周设古式灯杆照明，以烘托气氛。

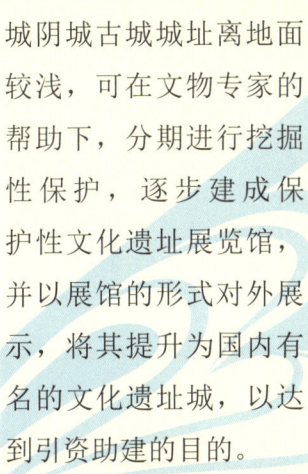

4. 根据考古探测，城阴城古城城址离地面较浅，可在文物专家的帮助下，分期进行挖掘性保护，逐步建成保护性文化遗址展览馆，并以展馆的形式对外展示，将其提升为国内有名的文化遗址城，以达到引资助建的目的。

参观高密城阴城壁画

5. 可规划为人文景观和自然景观相结合，观赏与互动相结合的综合项目。先复原部分古城原貌，如：城门楼、夯土筑成的部分城墙、汉代高密民居式建筑的古街等。以集中展示高密民俗民间文化艺术、两汉古玩、民间手工制作技艺、炉包等地方名吃。并在城后等村开设农家旅馆和观光农业项目，让游人与村民同吃同住，体验农家生活，学推石碾石磨，摇辘轳浇园，感受先人劳作情形，使其成为让游人既能了解历史文化又能领略自然风光的休闲观光胜地。逐步形成规模，建成集古城文化、影视拍摄、旅游购物为一体的历史文化遗址城，使之成为全国闻名的文化景点。

6. 将城阴城文化遗址编入"潍水文化生态保护实验区"规划中，积极申报"国家级文物保护单位"和"省级非物质文化遗产保护名录"，对城阴城文化遗址纳入规范化保护。

没尾巴老李在高密的传说

没尾巴老李在高密的传说由来已久，为追寻这个传说，2006年7月，非遗普查小组来到传说的发源地龙王官庄村。找到了从小在龙神庙边长大的单亦贵老师。因他祖上和龙神庙的主持是故交，很多的传说都是他儿时从一个叫做仁山

没尾巴老李在高密的传说地——龙王官庄

的和尚口中得知,使这些传说有了些野史的味道。

龙王官庄座落在公路的东边,(当年称旧公路为西大路)只有一沟之隔也就算是紧贴路旁。庄子不大(不到四十户人家),虽户数少但姓氏可不少,有林、韩、刘、徐、雪、郭、邓、于等,单姓来该村最晚,(清初有单姓十世祖,若阎公带着老婆孩子落户至此),所以就把单氏排在了最后边。

龙王官庄,别看庄小名气可不小,庄里有座龙王庙。(唐太宗李世民封龙神庙,别有讲究)庙里住着龙王爷,这庙又是皇上敕令尉迟恭监工所建,所以称谓——龙王官庄。

相传一千三百多年前,山东高密东北乡,有一片洼地,荒无人烟,杂草丛生。就在这一人高的草丛里,有一个小庙。这个所谓的庙,只不过是用了些砖石搭成的,在小庙的门口上面横着的那块砖上,刻有三个字——"龙王庙"。别看这只是小小的砖石搭成的"龙王庙",它有股能呼风唤雨的灵气。每逢干旱年头,人们就来此烧上纸,点上香,跪下磕两个头,一祷告,霎时就能云起雨下,所以不管是当地还是十里八里或几十里开外的地方,都会按时前来求雨。因这片洼地里有这么个神通广大的"龙王庙",此洼便取名"龙王洼"。

时值贞观年间,唐王征东,由于长途跋涉连日奋战,将士们个个累的面红耳赤,筋疲力尽,战马则口吐白沫,低头摆尾,不想前进。当路过高密这片龙王洼时,人困马乏,将士们不得不就地屯兵驻扎。正要安营扎寨的时候,猛然发现一位白发苍苍的老妪,自远处走来。但见老妪一手挎着一个竹篮,一手提着一个泥罐,罐内热气腾腾,竹篮里散发出扑鼻香味。将兵们精神一振,全

军马叫人欢，呼啦围上前，又吃又喝，狼吞虎咽。可是罐里的汤老是舀不干，篮里的干粮老是吃不完，就这样连人带马，一顿饱餐。就在将士们只顾着吃饭时，老人家却瞬间不见，急忙四处寻找，踪影全无，倒有个小"龙王庙"出现在面前，将士们这才恍然大悟——这里杂草丛生，又荒无人烟，若不是龙母显圣前来救驾，哪会有什么人来送饭。想到此，全军上下，精神抖擞，一举东下，捷报频传。

　　唐王太宗李世民自继位以来战果累累，国业辉煌，连年丰收，太平盛事。唐王继位后征东以来，连年滴雨不见，十二年光景是河阴三里，井阴七尺，每晚大雾一场，地里的庄稼是照样兴旺，因此，才迎来了国泰民安的年景。尤其是征东途中遇到龙母显圣救驾之事，皇上更感天恩。于是传旨，大摆宴飨（即皇上亲自把持与官兵欢庆一堂）一来感谢龙母之恩，犒赏三军，二来敬仰龙德庆贺丰年，并当众宣旨为将士晋封爵位，责成大将尉迟敬德到山东高密，把洼地里的"龙王庙"迁到附近高地，新建一座雄伟壮观的龙王庙，并将龙王庙改名为"龙神庙"。

　　公元634年，尉迟敬德带上御批琉璃瓦，骑上快马，连夜起程日夜奔快，不几日来之高密。密邑县令接旨后，不敢怠慢，先是起驾到龙王洼找到了小庙，选择了高地（即现在的龙王官庄），安下大本营，广招能工巧匠，就地立窑烧砖烧瓦，仅用了不到一年的功夫，就在选好的高地上建起了一座雄伟壮观的龙神庙（皇上赐名，亦称渊圣庙），碑文有据龙王殿的脊棱留有敬德监修的记载。"建于公元六三四年甲午尉迟敬德监修（敬德585年生，658年没，时年49岁）。"

　　龙神庙向来有八景之说。所谓龙神庙八景，是龙神庙稀奇古怪的景象或实物或神奇之传说。

景一 八叉梅花路

　　龙神庙庙前，顺着台阶，步步登上庙台（高出地面一米五左右），庙台是庙前的一块实物（统称庙台子），向后转，站在台子的前沿，台下就是一条东西路（约一米左右宽）。先左观正东直插河西村，去东南一路是五亩地（地名即田野），东北一路是通夏庄街的高夏路（俗称东大路），正北一路紧贴庙台穿过龙王官庄村里，偏西南一路是去杜家官庄，正南一路是去南疙瘩湾和尚坟，西北一路是去林家胡同。正因此路的两头各有四路较匀称的叉道，所以享有"八叉梅花路"的美称。

景二 御批琉璃瓦

观罢了梅花路，转回身高抬头，看到是后建的"文昌阁"，进入阁下的三门（此大门从龙王殿的正门算起是三门），顺甬路过屏门（二门）碰影壁（墙），就在影壁上的两头各有一页翠绿的琉璃瓦。再抬头看龙王爷的大殿上面，在两边的瓦瓿上各有多页琉璃瓦，翠绿瓦虽不多，但含意浓重。因是皇上亲赐，所以称御批琉璃瓦，至于到底有多少页，为何放此处就无人知晓啦。所以说，御批琉璃瓦也是引人注目的一景。

景三 麒麟石

上观琉璃瓦，下瞧麒麟石，看麒麟需卧头来观，出得三门，沿高大的院墙根往西走，在不远处贴墙根有一块圆不圆、方不方、红不红、紫不紫的淡色石头。此石好似从地里冒出来的一般。是层层不断，喳喳相依（每层约一指来厚）揭去这层还有那层，年年揭年年生，神奇得很。现有故事为证：每逢春节后的正月初的耍日子，三五成群的孩子常来到庙前你揭一块，他揭一块，做打瓦的游戏。就这样年复一年，石头还是那块石头，总不见少，老不变样。如此神奇又算一景。

景四 八角琉璃井

看了麒麟石，再回转进三门，一眼就会看到"八角琉璃井"（俗称八角琉璃井，是因井沿用沙灰砌的非常滑而得名），此井口高出地平面约有八十公分，青砖所砌带有花眼，井沿是凸形。宽度二十公分，光滑而又坚固，井口直径四米有余，砌有八角。若扒着砌得光滑透亮的井沿上往下望，可得壮起胆子，要不准会吓得头发晕、腿发麻。要是谁能站上去走一圈，那真算他是天胆了，这是因井口大而深的缘故。庙台上打井，井水不断。井底、井口是圈圈缩小，形状恰似漏斗。（又名象鼻口）但无论遭遇多么旱的年头，从无断水，所以又算一景。

景五朝阳洞

要观朝阳洞，转身往东行，庙堂甬路的东面是关爷殿，殿的东头有一夹道，离院墙约有八十公分宽，北头有一小墙堵死，这就是朝阳洞，在寒冷的冬天，这里异常暖和。不仅如此，而更奇的是，这里的蒲公英还照常开花，奇不？又是一景。

景六白棘台

掉头往西，西南角有一土地庙，庙后面有一棵对碗口粗的白棘子。此树是叶白、茎白、枝白、杆白，总之周身白又牢固地定在一块方方正正的白石旁，取名白棘台，因此树为少见之物，故谓一景。

景七响龙碑

看了白棘台，向里转身，眼前突现一碑，此碑比其它碑要高出一头。此碑下有乌龟驮，上有四龙盘卧，盘卧之龙即是碑头。四条龙一边两条，头朝外，尾在里，并排盘曲一体。此龙雕刻的整齐活现，格外威严。你若感兴趣，找块小石子，敲上几下听听，它会铮铮作响。更奇的是，阴雨天发音声闷，晴朗天响声清脆，因它一敲即响，所以名唤响龙碑。

景八龙潭夜雨

你若想了解第八景，请你在此留宿一宵。这是因为此景必须在夜里欣赏。夜里你可先睡上一觉，当你一觉醒来时，准会听到院里有刷刷刷下雨的声音，若当其真，就开门一看，呵！满天的星辰，万里无云，这哪是雨，若误是树叶作响，却风无一丝，这就是龙潭夜雨的神奇之处。"龙潭夜雨"这名是皇上亲赐。据高密县志载："县治东北十五里。夜中声潇潇然，水气所蒸，泽润一方。相传龙跃于此，祷雨立应。旧志八景之三曰"龙潭夜雨"，潭在今龙王官庄龙王庙"。故又是一景。

龙神庙还与流传已久的一个美丽的传说有关。传说，高密市夏庄镇龙王官庄村东有一条河，直通东海。村里有一李姓人家，夫妻俩成亲多年，也没生个一男半女，于是就经常到送子娘娘庙上香祷告，在第二十年上，终于感动了上苍，妻子怀孕了，生了一个女儿，起名叫李仙，也有的叫李巧仙。李仙从小喜欢干净，经常到村东的河里洗澡，十六岁那年夏天，在河里洗澡，洗着洗着，

雕塑龙潭夜雨

就看见一根大木头向自己漂来，想躲来不及了，被撞了个正着，一下就晕过去了，过了好长时间才醒过来，回家后，就觉着浑身懒洋洋的，想吃酸的，肚子也一天天大了起来，父母认为很丢人，可又不知该怎么办，于是就把李仙安置到村后的园屋里。一年过去了，没生，两年又过去了还没生，村里人都觉着奇巧。在第三年的六月十三这天，天空布满了彩色的云彩，整个屋子也变成了红色。李仙他爹认为是屋子起火了，心急火燎的赶了过去，一看屋子好好的，到了跟前，听见里面有小孩的哭声，他爹一惊，就推门进去，往炕上一看，可了不得了，女儿的身边有一条黑不溜秋的长虫，他顺手从菜板上拿起菜刀向长虫剁去，砍下了一截尾巴，这时，天上响了一个炸雷，小长虫蹦起来顺着窗户棂子飞了出去，飞到屋外，见风就长，不到一袋烟的功夫，长成了一条大黑龙，围着小屋转来转去，呼风唤雨，那闪咔嚓咔嚓打个不停，铜钱大的雨点一个劲的下，老头那见过这阵势，眼一瞪吓昏了。黑龙见砍他的人倒了，立在半空中向他娘拜了三拜，化作一溜清烟飞到八角琉璃井中修炼去了。黑龙其实是东海龙王敖广的儿子，老人们常说："李仙村中美巧仙，她和敖广有奇缘，东海龙王慕美女，生米做成熟米饭，人神配成夫和妻，黑龙出世高密县"。黑龙被姥

爷削去尾巴后，忍着疼痛飞到八角琉璃井中修炼了十八年，终于修炼成了一条真龙。有了本领后，他又飞回到龙王官庄的东河里住了下来，自此后周围村庄风调雨顺，年年丰收。晚上还经常变成人偷偷回家看他娘。自此，黑龙被人们尊称为"没尾巴老李"。

没尾巴老李被派往黑龙江战胜作恶多端的白龙后，就在黑龙江住下了，但孝顺的没尾巴老李每年农历六月十三都回高密老家祭母，高密东北乡六月十三至二十三日家家户户张灯结彩举办"神龙雨水节"，欢迎自家的神龙回乡探亲，至今历经几个朝代习俗不衰。如遇大旱，当地县官也要带领群众到龙王庙祈雨，往往是有求必应。以前闯关东的人都知道，如果在黑龙江坐船，船主就问一下，有没有高密人，如果有，船主就开船，行到江心，船主大喊，高密老乡来了，江面风平浪静，如果没有就要烧香烧纸祈求平安。

美丽的传说也培育了独特的民俗文化，每到阴历六月十三这天，没尾巴老李回乡省亲祭母，家家张灯户户结彩举办"神龙雨水节"，欢迎自家的神龙还乡。龙神庙显得格外热闹，祭拜龙王，大摆筵宴，搭戏台唱大戏，历经几朝习俗不衰。据传，在唐时，龙神庙的祭祀是国祭，在宋、元、明、清四朝是省祭，州府官员要在高密县官的陪同下进行祭祀，到了清末和民国初年，逐步成为县祭。高密县的父母官坐轿骑马来主持祭祀。车马在离龙神庙二里开外的高阳桥头停下，县官步行前往龙神庙，车马停放在龙神庙西的车马场。《高密县志·典礼志》秩祀部记载"每岁春秋仲月及六月十三致祭于庙。"古有诗云："百礼祀龙神，九歌感龙格。"祭祀龙神，仪式庄重，内容丰富。县官领祭，摆供、祭拜，祈求"没尾巴老李"保佑年年风调雨顺，家家康泰平安；然后是烧纸、上香、放鞭炮。主要是搭高台唱大戏，戏台先是要进行完祭祀仪式后才开戏。

这样的祭祀活动，逐步形成了庙会，百姓俗称"官庄山"，一般3～6天，龙神庙的山场上，商贩云集，九乡十八镇的人都来了，周围百姓前来赶会，家家户户来客很多，可说是人山人海。每家每户都邀请自己的亲朋好友，特别是已出嫁的闺女带外甥和女婿前来赶会过节，还有许多从几百里、几千里之外的地方起来，气氛甚至比过大年还要隆重和热烈。

大戏开场，老人听戏，小孩玩耍。龙神庙内的八角琉璃井也是里三层外三层围满了人，有往井里投花生、粟子的，有投糖果的，也有投大钱的，以祈求神龙保佑。后来在上世纪五六十年代，当地的百姓在挖已经淤塞的八角井起青砖时，还挖出了不少的"带眼小大钱"。

公祭之后，百姓各自散回家中，在自家院里再摆供、跪拜，祭拜仪式结束后，客人、长辈依次入席共饮。有时，各村庄的酒席宴都摆到了大街上，千百年来传承不衰，只是由官府主持的公祭改为了百姓自发的民间祭祀。据说最后一位主管祭祀的是一位单姓老人，在家行四，负责龙神庙的祭祀、送迎之事，百姓还给他一个绰号："四衙"，感觉上有些个编外公务员的意思。

近年来，在农历六月十三这天，祭拜龙王的仪式又兴盛起来，龙王官庄的村民集资重塑了龙王金身，设置香案，上摆各色供品，香炉烟雾袅袅，村民们手捧香束躬身祭拜，神情极其虔敬。并且还增添了"撅灯官"的表演。这种表演据说起源于宋朝末年。表演随意，群众参与性强，加之有民间杂耍，极具观赏性和吸引力。它的主要道具是官轿和撅架子。撅灯官戏中所唱的是老百姓身边的事，或褒或贬，风趣幽默，深受老百姓喜爱。但见官轿起驾，号角声声，锣鼓喧天，前呼后拥，浩浩荡荡的队伍，撅架上抢着头彩的角儿，几十名面戴着各色脸谱的汉子，身着多姿多彩的服饰，跑旱船、扭秧歌，尽情抒发着对神龙的热爱。

龙神庙的一方清代的残碑上也留有这样的字样，似说祷雨有应，众乡民感念其德之事："圣王御……（字迹无）惠有以福我元元□（字迹模糊不清）我家邦也至于兴云（下断）……入耳……□之陂有八角井在□名龙潭□作风雨声夜深时闻凡雨泽□有祷无（下断）……敕封渊圣龙王□金……时川谷酒岳□□效灵而甲丘甫□□□欲……顺治庚五六□（下断）……洽赤匍匐而告……井颐也……岁后有秋俟感其德……祠宇而居民（下断）碧之辉煌殊称□方之胜延数岁尚未……马又□迎梁俟（下断）……斯民□□而赐之雨凡死而（下断）折骸易子辗（下断）……官明读臣司其（下断）……讳而□（下断）原任顺治捌年知县钦……见（现）任文林郎……"接下来就是一片张王徐单连母携妻的名姓。碑已然从中间断掉，我能看到的是上半部分，根本见不到款识，据推算应是清顺治后的功德碑。从残碑上录下这些支言片语的文字，让我们重新透过数百年的时空感受当时百姓的虔诚。

龙神庙石碑

该传说具有浓厚的民俗文化底蕴，它是历史上山东人闯关东的真实反映，体现了山东与黑龙江之间兄弟般的情谊，同时也体现了乡土大众艺术特色，是文人与普通百姓双向创造的结晶。具有积极的历史价值、有益的文化价值和很好的科研价值，是高密文化的宝贵遗产。自汉朝至清朝末年在高密及周边地区广为传诵，虽为口头相传，却几乎人人耳熟能详，2008年被列入潍坊市级非物质文化遗产名录。

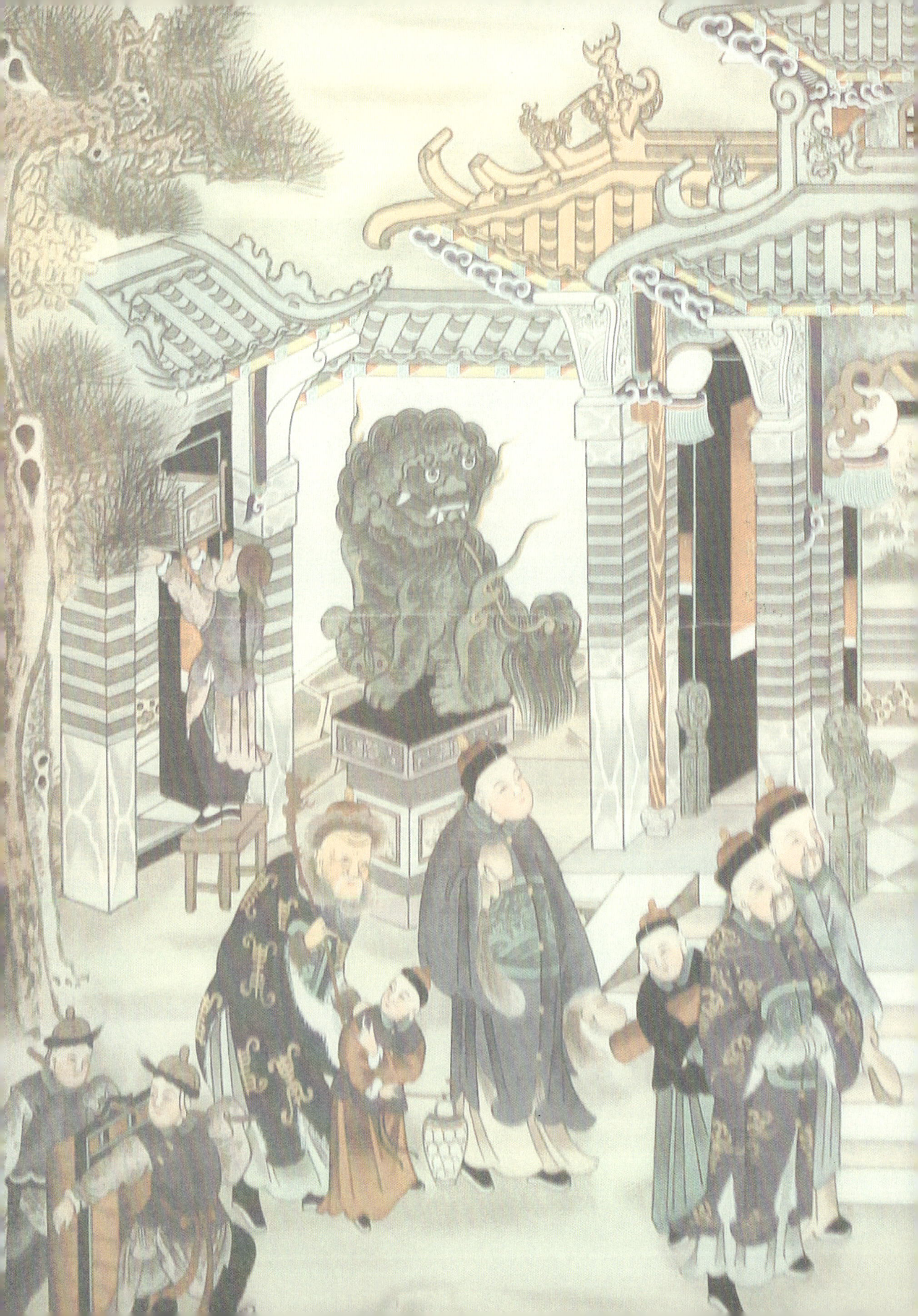

第二章 传统音乐、舞蹈

乡土气息浓郁的高密民歌

历史上，高密是有名的民歌盛行之乡。由于高密所处在特殊的地理位置，是鲁中和鲁东地区的连接点，并且流传上也带有胶东的风俗习惯，所以，民歌兼有鲁东和鲁中的特点，同时，又因自古以来就是胶东半岛的交通枢纽，是一个物流交流中心，文化语言交流也频繁，受其他地区的影响大，因而，曲目繁杂，风格多样，其交融性、互动性、叠生性较强，山东一带非常流传的劳动号子、小调、秧歌、风俗歌大调套曲、儿歌花鼓等七种不同民歌体裁中，高密民歌就有了劳动号子、小调、秧歌、风俗歌、儿歌等五种。由此可见，高密民歌有丰富深厚的群众基础。尤其是小调、秧歌是数量最多、流传最广的体裁。其内容多为反映民间风俗、生活情趣、爱情生活以及歌颂共产党、社会主义和英雄人物等。如土地革命时期的《斗争歌》，抗日战争时期的《抗日小调》，解放战争时期的《送战士》等。1958年前后，曾搜集民歌100多首，经加工整理，《四季翻花》等民歌先后在省《群众文艺》上发表。1960年6月，王家寺老艺人王延升，应聘赴中央民族学院教唱民歌27天，先后教唱《八把小扇》《盼情人》《绣花灯》《下棋》等30余首。

高密民歌曲谱

1978年夏，经深入调查，搜集挖掘民歌500余首。同年8月19至20日，举行全县首次"民间歌演唱会"。1980年5月，由当时的县文化馆整理、编印《高

密民歌》第一集，共74首。山东人民出版社的《山东民间歌曲选》中编入高密民歌《梦见周总理》《四季翻花》《打弹弓》《绣花灯》等共10首，

编印和发表的高密民歌集

1982年9月由中央文化部艺术研究院所编、上海文艺出版社出版的《中国民歌》第三卷，编入高密民歌《梦见周总理》《摘棉花》2首。

　　从传承情况看，高密民歌大致分为两类：一是历史上流传下来的民间杂曲。高密民歌发源时间不详，据老艺人讲流传在高密民间的传说，明朝就曾有本地艺妓在高密演唱小曲，且已形成气候，据说有本《四海堂》的旧书就记载了这样一些实事，许多小曲就是由此流传开来，并由民间艺人传唱传承下来的。这种民间艺人传唱下来的曲调很多如：《绣荷包》《山坡羊》《铺地锦》《太平年》等。二是具有地方特点，反映本地区风格的民间小调，这类民歌与其他地区的曲调风格不同，具有自己的一些特征，许多小曲就是民间艺人编唱的，如：《送情郎》《十二月》《绣花灯》《小五更》《逛庙》等。

　　从歌词内容上大致可分五类：

　　一是反映民风民俗方面的，如《赶集》《打秋千》等。二是反映生活情趣方面的，如《下棋》《编草帽》等。三是反映爱情生活的，如《送情郎》《十恨》等。四是歌颂英雄人物的，反映战斗事件的，如《抗日小调》《绣花灯》等。五是歌颂新生活人物方面的，如《摘棉花》《梦见周总理》等。

据粗略调查，曾流传演唱的民歌大约有五百多首，充分说明了高密民歌深厚的群众基础。

一是表演性强，一般曲调都能表演唱，而且不受人数限制，一人能唱能演，多人也能唱能演，表演形式多样。如《四季翻花》。二是题材内容广泛，能反映生活多个方面，但叙事抒情题材相对居多。在高密民歌中，小调也即小曲、小唱，几乎都是一回事，歌词随编随唱，有定式也有即兴发挥，无需对仗工整。三是在曲调、风格风格等方面，具有鲁东、鲁中的共性，也有高密民歌自己的特性，其抒情性、叙述性、诙谐性都很明显，以抒情小调最多，而曲调构成多次三度以内的平滑、波愣式进行曲，其他变化也有但不是很多。四是高密民歌地方语言特征性重，采用了大量的日常口语，极易流传普及。五是高密民歌调与秧歌调互相交融、交流秧歌调中有当地民歌音，民歌词中有秧音乐，没有分界线，并且与戏曲音乐也有交流互联。

绣荷包

1=F 2/4

山东高密民歌

(5·1 6165 | 3532 1·3 | 2321 6 | 1·2 | 3·6 53 |
2·06 | 235 3227 | 6 1235) | 6̲5̲6 6 56 | 2·7 675 |

1、一 更 里 的 个 荷　　包
2、二 更 里 的 个 荷　　包
3、五 更 里 的 个 荷　　包

56̲2̲7 6̲1̲5 | 63 321 | 53· | 6̲5̲6 656 | 2·7 675 |

照 样 一 么 裁呀，　　　情郎 哥哥 捎　 信儿
绣 的 桂花 香呀，　　　绣上 一对 鸳　 鸯
绣 完 送给 他呀，　　　嘱咐 声 郎　 哥儿

56̲2̲7 6̲1̲5 | 63 321 | 53· | 665 60 | 5·1 6165 |

要 个 荷包 戴呀，　　　欢天 呐 喜地 我
又 绣 凤 凰呀，　　　天下 的 鸟儿 定
好 好 的 拿呀，　　　有事 呐 无事 你

3532 13 | 2321 1̲6 | 1 1 2 | 3·6 532 | 16 13 |

忙 将它 做 呀，郎要戴荷 包 哪 哎
成 双 对 呀，我和那郎哥儿 哪 哎
把它 高高 挂 呀，栓上个活 扣儿 哪 哎

2 2 3 | 535 3532 | 153 231 | 235 3227 | 6 - | 6 0 ‖

呀，　　　等小妹绣 出 来呀。
呀，　　　配呀配成 双呀。
呀，　　　小心地藏 着 它呀。

高密民歌曲谱

　　高密民歌是人民群众在生产生活中抒发情感、自娱自乐的一种艺术形式。
在战争年代，它是宣传新思想、教育民众、打击敌人的武器；在生活中，它是愉

中国民间文艺之乡

采访高密民歌艺人迟会福

悦心情，放松生活压力的释放剂，它产生于民间，流传于民间，在民间具有深远的影响力和艺术生命力，因而引起了各级文化部门和社会各界的高度重视，中央音乐学院、山东艺术学院等多家单位都到高密民间采风、学习高密民歌。2008年，高密民歌被列入高密市级非物质文化遗产名录。

独具一格的街头演艺——高密地秧歌

高密地秧歌排练现场

　　地秧歌也称"地跷"、"秧歌耍"、"秧歌戏"、"扮秧歌"等。传说明朝时期，高密民间因旱涝灾害，兴起了到玉皇庙祭祀祈晴或祈雨祈福的民俗。虔诚的乡民们每年正月初九，到玉皇庙载歌载舞，为玉皇过生日，以求上苍保佑平安。为表示诚意和隆重，人们以歌舞形式祈福，成群结队的到玉皇庙祭祀。逐渐演绎为每年春节、正月十五，都要以秧歌形式庆贺，欢度节日，其中高密地秧歌作为民间歌舞的主要表现形式深受当地百姓的喜爱。它是男女演员腿上绑一种木跷脚，大约高15-20公分左右，跷脚前脚尖处有一小脚尖，比高跷腿矮一些，演员手里拿着各种道具，一边唱着一边扭着表演，走不快，所以民间俗称"地跷"（低跷），也就是"地秧歌"。每年正月初一至元宵节，地秧歌这种民间舞蹈杂耍必不可少,因它的表演形式中有说唱形式,演员边歌边舞,热闹非常,所以比全国流行的高跷表演更具观赏性和普及性。

一、表演形式

高密地秧歌的表演形式主要有大场秧歌、小场秧歌、小秧歌戏等。大场以舞为主,技巧比较多,小场以唱为主,曲调委婉抒情或闹剧,易于扇动人的情绪。再就是扭着秧歌唱戏(初始时肘鼓调后为茂腔调)。

街头地秧歌表演

1.小场秧歌。这种表演一般是有领唱、合唱,领唱的即秧歌头,在正式开始表演之前,先上场跑一圈龙套,即兴发挥来一段开场白,起到开场和引子的作用。然后,再由表演队伍上场,一边表演一边唱,各个秧歌队排练的节目不一样,都是根据自己的条件各显其能,这种形式很普遍。

2.大场秧歌。即边走边舞边唱的秧歌。这种形式人数较多,歌舞结合,一边扭着秧歌步走,一边表演动作,手里道具有花伞、手帕、扇子、花环、竹板、彩球等，表演队伍走街串巷，拜年祝兴等。大约现在的秧歌带有这种形式特征的成份比较多。

3.秧歌戏。是由几个人扮演不同角色，进行有故事情节的表演唱，既有秧歌成份，也有小戏特点，所以称秧歌戏。这种表演情节简单，化妆简单，道具简单，时间短少，唱腔为民间秧歌调，迈着秧歌步表演，很有味道。

高密地秧歌的音乐曲调很多，经常采用的是民歌调为主，老腔、小腔、秧歌头调、腊花调、鼓子调、老旦调等；

乐器主要有：皮锣、大呆、大小钹、鼓、唢呐等；剧目大约有五十多个，主要有：《梁祝》《跑四川》《捎书》《送情郎》《招女婿》《西厢》《借年》《拴娃娃》《分家》等。

二、角色与表演特色

地秧歌的角色和服装道具主要有：

秧歌头（也称膏药头、伞头）一人，面戴墨镜，头戴礼帽，脚登高靴，身穿长袍短衫，披黑"斗篷"，一手拿雨伞或响铃铛，一手拿手杖，摇头晃脑，左挥右指，整个队伍表演的核心人物；

老旦（也名大老婆）一人，身穿青披大褂，腰系裙子，手拿花扇或红绸帕，头戴花饰，随着秧歌头表演；

棒槌（也称和尚）两人，上穿黄对襟褂，下穿大红裤子，头戴和尚帽，手持一对木棒槌，左右挥舞；

腊花（也称二老婆、三老婆），因是在腊月春节期间表演，女的打扮的花枝满头，如腊月的鲜花，故称腊花，一般为两人，戏装青衣打扮，腰系彩绸，手舞花扇或手帕；

小曼（也称小汤罗）一人，身穿花裤褂，头扎两个抓鬏，腰扎彩绸，手挥小扇或红绸缎。

在地秧歌表演中，男角化女装，丑婆、媒婆造型特别受欢迎。因而，有时就特意化丑妆，又是扭又唱，热闹非凡，以引人发笑为目的。

地秧歌这种民间舞蹈的特殊性在于它特殊的地（低）跷腿和具有演唱形式

的表演，是迄今为止全国独一无二的高跷表演形式。演员脚上绑着一双15-20公分的木跷腿，这种腿脚前尖有一小脚尖形状，它比高跷矮，所以，相对高跷而言称之为"地（低）跷"，演员踏着这种矮状地跷表演各种动作，走起来别有一种趣味，热闹滑稽，很有意思。

它是一种街头歌舞。演员在地跷上能扭、能小跑、小跳，能唱能说，灵活自如。但受地跷约束，不适宜上室内舞台，最适于街头表演，这种特征使它更接近于群众，易于被群众接受。

表演形式多样。一是可演小戏，特别是折子戏，根据故事情节化妆，既有秧歌表演成份，也有戏剧特点，故称"秧歌戏"；二是能演大场秧歌，即边走边舞边唱。这种表演一般是到各村或各铺面拜年、祝兴，歌舞结合，走街串巷。现代秧歌中这种成份较多；三是小场表演，即打地摊式，有领唱，有表演唱，迈着特有的秧歌步，表演各种内容的节目。

表演内容丰富，曲调较多。地秧歌不是一般的简单扭秧歌，而是有多种表演形式和较多的剧目内容，约有五十多个演出剧目和十几个曲调。因而在民间有很大的吸引力，是民间不可多得的歌舞娱乐活动。

三、传承与保护

高密地秧歌表演遍及高密全境，其中以高密西乡双羊、阚家、初家，南乡柏城、拒城河、周阳，北乡姜庄、夏庄、大牟家等为主要传承发展之地。1900年前后，这些秧歌队四乡演出，闻名一时；柏城镇柏城街的单召龙、夏庄张家官庄的张衍兰、杜家官庄的杜德新、伍家村的杨十二等，都曾是当地有名的地秧歌演员，他们组织的本地秧歌队，在高密境内家喻户晓，颇受群众欢迎。

新中国成立后，各级政府对地秧歌等民间舞蹈进行了挖掘抢救，组织文化馆专业人员到地秧歌这一民间舞蹈活跃的乡村，进行挖掘整理。1954春，城关镇的秦玉法，还代表高密出席了中央文化部举办的"民间音乐、舞蹈会演"，演奏了大唢呐独奏《吉腔》，受到了专家音乐界的一致好评。六十年代，海政歌舞团、中央歌舞团的有关人员，到仁和镇旗台村，学习挖掘地秧歌等民间艺术的内涵及表演程式。1983年2月，总政歌舞团、省民间舞蹈办分室及地市一些

高密少儿地秧歌班

专业工作者,又到双羊后屯村观摩了原汁原味的地秧歌民间舞蹈的演出,并在县招待所召开了仁和旗台村、拒城河大尹村、双羊后屯村等部分地秧歌老艺人座谈会。1984年6月,山东省民舞集成办到高密,专门为地秧歌录制了传统舞蹈"地秧歌"现场演出录像。2007年高密地秧歌被列入潍坊市级非物质文化遗产名录,2010年被列入山东省级非物质文化遗产名录。

土味儿十足的民间舞蹈——撅登官

号角声声、锣鼓喧天，只见官轿起驾、前呼后拥，浩浩荡荡的队伍，车轱辘撅架上表演着头彩的角儿，几十名身着多姿多彩的服饰演员，驾起旱船、扭着秧歌，在大街上尽兴地闹将起来。空前的喜庆热闹、诙谐幽默，引得人们翘首引颈，笑逐颜开，它就是土味儿十足的高密传统舞蹈——撅登官。在山东高密，逢年过节都会举行街头民间文艺大展演，几近消亡的民间土戏"撅登官"近几年又重新亮相街头，它那土味十足的表演唤起了很多人尘封已久的记忆。

一、概述

撅登官，也称扮登官，是流传在山东高密夏庄一带的民间歌舞。这种歌舞与传统的民间秧歌大不相同，它不能算歌舞，因为歌舞只是它的一部分；它近似于戏剧表演，却又不是戏剧，有点象话剧，对白还有点相声的味道。有的艺人说它是民间土戏，因为它介于秧歌和戏剧之间、是由两者派生出来的一类民间演艺。它是由社会底层的劳动者在生活中不断创造出来，以口传心授的方式一代代相传下来的。

高密撅登官演出之"县官出行"

撅登官的历史背景渊源很深，据民间相传：西汉吕后擅权时期，刘恒（汉文帝）取得皇权后，为庆贺胜利，颁诏全国，每年正月十五普天同庆，民间可在这天挂灯笼、扮杂耍、表演各种杂技，县官要给所有上街扮耍的人让路，以示与民同乐。到北宋时期，"狸猫换太子"的故事在民间广为流传后，历代帝王，都沿袭着全国上下正月十五与民同乐的风俗，并编出了不少戏剧故事。戏剧故事的上演，使民间也有了类似戏剧表演的街头演出活动，撅登官表演大约出现在元末明初。这种表演既可用灰谐幽默的形式，讽刺统治者的政治黑暗、社会时弊，也可赞颂当朝为民造福、百姓生活无忧、社会安定的政绩，非常适应群众的喜怒哀乐口味。

二、表演形式

撅登官的表演形式灵活，艺术个性鲜明，就如同将一台戏由室内搬到了街头，边走边演，既有舞台戏，也有民间杂耍，表演可随意，群众可参与，使其更具观赏性和吸引力。它的特别之处在于没有固定台词，走到哪里，说到哪里，这就要求主演者必须具有较好的口才和现场表演能力。另一个特别之处在于它的主要道具——官轿和撅架子。撅登官戏中所唱的是老百姓身边的事，或褒或贬，风趣幽默，历代以来深受老百姓的喜爱。

撅登官的演员很多，主要角色有十几个。首先是登官，这是表演队伍中的核心人物。他看上去是坐在官轿里，下去体察民情。每走到一地，他都要向地方询问这里的社情民意，该褒的褒，该贬的贬，一本正经，煞有介事。他要风趣幽默，灵活应变，指挥整个演出活动的前进或停留。二是在撅架上表演的撅官，他是仅次于灯官的角色。在整个演出过程中，他配合灯官表演各种幽默滑稽动作，以吸引人们观看，以逗趣引人发笑为能事。队伍行走时，他就坐在翘板上表演，队伍停下来时，他可下来掺和灯官的表演，插科打诨，挑起人们的情绪。其他演员还有当头号、地方、茶挑、回避和肃静衙役等。

撅登官一名的含义有两层：撅，即为撅官；登，意为登官，即县官。登，原义有登临、登高临下、游览之意，此意为登官（县官）登临各地巡游。

登官为扮演县官的角色，身穿演出确定朝代的官服，坐在四人抬的无底官轿里，手拿一把扇子，在轿里忽悠忽悠地左顾右盼，一幅出游巡视的官老爷神态。轿子停下来时，他会走出轿子，进行各种表演活动，有各类人物配合。他是整个演出的核心角色，在演出中，起到调度队伍的作用。

高密撅登官演出现场

　　撅官在传统演出中，是一个化为丑婆的角色，坐在车轱辘上的杠杆前头翘板上，另有1-2人在后头双手压杠杆，压一下撅起坐在上边的人，松一下那坐在上头的角便压下去，如此一撅一压，使车轱辘不断向前走，这个坐在翘板上的丑角，即为撅官。撅官一般上穿大褂，下穿青裤、花鞋，头插各种奇形怪状的饰物，脸上画上蜈蚣或蝎子等物，耳上垂着红辣椒，他不用费力，只用身体的重量压着翘板，在上边只管表演各种滑稽幽默动作，以引人发笑为能事，这是撅官的扮相及行走时的表演情形。他在整个演出队伍里，是配合登官表演的，为登官当配角，因坐在翘板上易滑下来，所以，一般是将他简单又结实的绑在翘板上，走时固定住，停下时解绑下来掺和登官的表演，插科打诨，搅拉场子的气氛，煽动人们的情绪。这个角色可根据扮演者的条件，将人物造型变换。

三、传承与保护

然而，随着时代的变迁，这种表演形式渐渐被人遗忘，渐渐萎缩衰退，特别是在"文革"后，再也没有演出，那热闹也销声匿迹了。上世纪八十年代高密市文化部门组织业务人员对地秧歌、撅登官等民间舞蹈进行挖掘整理，并组织演出队伍参加全县文艺汇演。1990年,高密东北乡张家官庄老艺人徐明清自发组织了四十多人的表演队伍，根据回忆重新进行了排练，使得撅登官这一传统舞蹈艺术再度亮相。撅登官这一土味儿十足的民间传统舞蹈，2007年被列入潍坊市级非物质文化遗产名录。

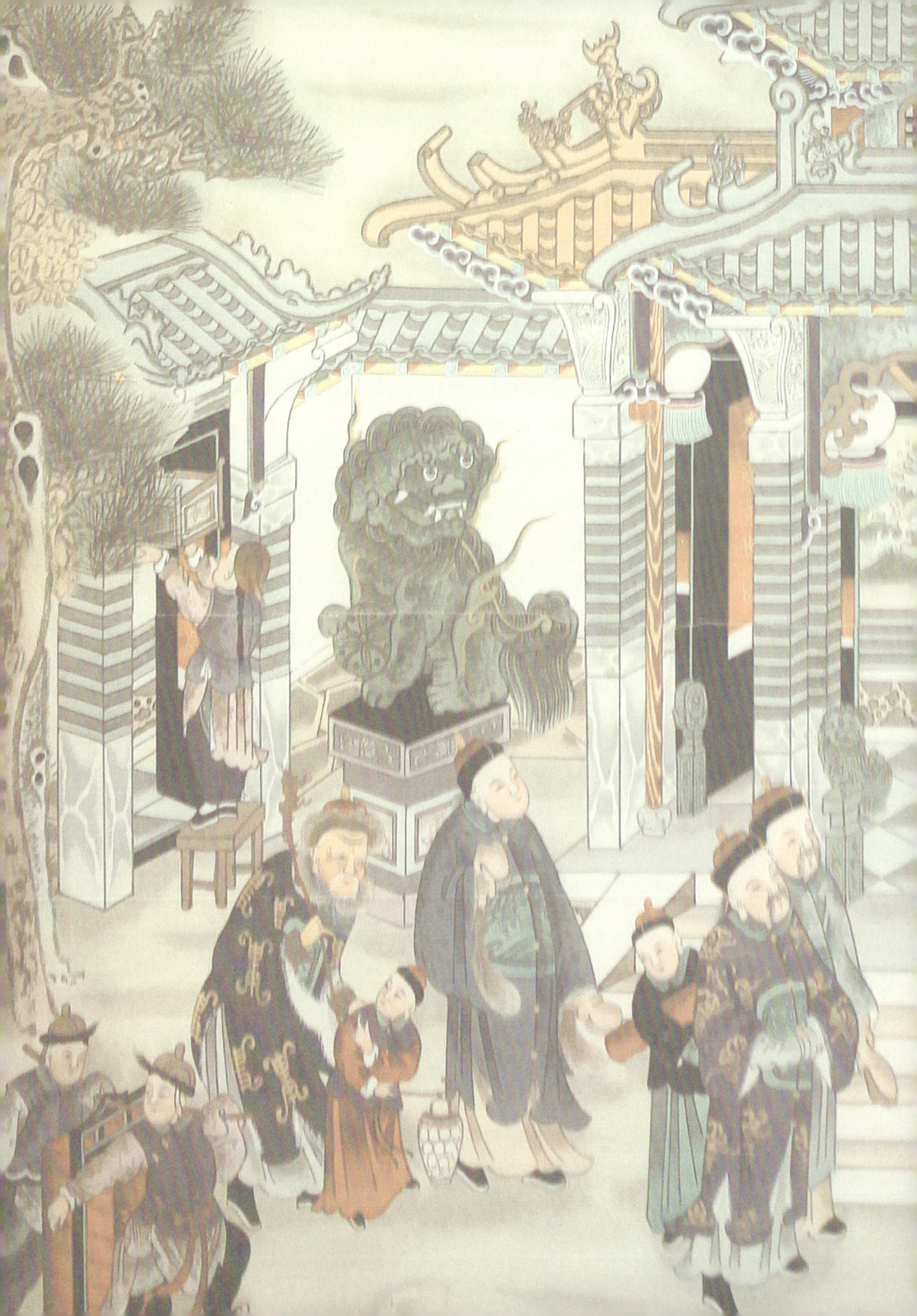

第三章 传统戏剧

拴老婆橛子戏——高密茂腔

茂腔是山东百余年来兴起的地方戏之一，在胶东半岛久负盛名，属山东地方戏四大系统中的肘鼓子系。茂腔唱腔委婉幽怨、质朴自然，以纯朴感人、通俗易懂的唱词和浓郁的乡土气息，深受群众喜爱，被誉为"胶东之花"，俗称"拴老婆橛子戏"，在广大农村有着深厚的群众基础。著名高密籍作家、诺奖获得者莫言曾说过，一听到熟悉的家乡戏那哀婉凄切的调子，就禁不住热泪盈眶。由高密茂腔剧团演出的现代茂腔戏《盼儿记》曾于1990年应邀进京演出，颇受好评。2006年高密茂腔被列入首批国家级非物质文化遗产名录。

传统茂腔代表剧目《西京》剧照

一、茂腔的起源与演变过程

任何一种新事物的出现，必然有其长期的发展衍变过程。它往往衍生于某种旧事物，并不断接受周围主客观条件的影响，逐步脱胎换骨，最终形成自身的特色。作为一种民间戏曲艺术形式，茂腔是在不断传承过程中，吸取各种民间曲调营养发展而成的。

1. 茂腔的起源

茂腔的起源，在群众中说法不一，流传最广的称谓是"肘鼓子"、"周姑子"、"轴棍子"、"正歌（音果）子"、"本肘鼓"、"冒肘鼓"、"老拐调"、"噢嗬罕"以及"姑娘腔"等几种传说。

高密茂腔剧团演出茂腔新编戏《元宵谜》剧照

（1）"肘鼓子"说

"肘鼓子"是山东地区部分地方戏的总称，而不是茂腔独有的名称，因肘悬小鼓拍击节奏而得名。它是一种地方戏系统，包括：柳琴戏、茂腔、柳腔、二夹弦、五音戏、拖（灯）腔、东路肘鼓子、拉魂腔等剧种。

清代中叶以后，各种地方戏如雨后春笋，蓬勃而出。肘鼓子的发展也像明代中叶弋阳腔飞速发展的过程相似。肘鼓子流传到各地，由于它与当地的语音和民歌小曲的迅速结合，就形成了各地不同的声腔。这些不同声腔得到当地人民承认后，渐渐形成了不同的地方剧种。在山东临沂地区的肘鼓子被称为柳琴戏，在皖北的肘鼓子被称为拉魂腔，在苏北的肘鼓子被称为海冒子，在滕县的肘鼓子被称为锣鼓铳子，在益都、临朐一代被称为东路肘鼓，在淄博一带被称为五音戏，在高密、诸城、胶州地区则被称为本肘鼓，意即本地肘鼓。肘鼓子在山东流传颇广，其影响还扩展到与山东接壤的部分邻省地区，山东省除高密、诸城、胶州地区外，历城、章丘、淄博、济阳、惠民、临朐、齐河、滕县等地皆有肘鼓子的踪迹。

那么肘鼓子戏是什么时间形成的？它迄今已有多久的历史？它的前身又是什么呢？据清代康熙年间人士刘廷玑《在园杂志》载："……近今且变弋阳腔为四平腔、京腔，甚至等而下之，为梆子腔、乱弹腔、唢呐腔、巫娘腔、罗罗腔矣。"

周贻白先生经过长期研究，认为："巫娘腔似即姑娘腔，李玉的《麒麟阁反牢》中及《虹霓关》（昆曲）中皆有姑娘腔的唱调。或谓今之柳琴戏亦名周姑子，即为此一唱调的遗声。依次可以证明清初康熙年间梆子腔、乱弹腔、肘鼓子腔等俱已出现。"

传统茂腔《罗衫记》剧照

综上所述，可以肯定，肘鼓子的产生，远在清康熙之前，距今已逾三百多年的历史。并且根据上述记载可以得知，肘鼓子是从姑娘腔（巫娘腔）中脱颖而出的戏剧声腔，而姑娘腔则又是从弋阳腔衍变而来，所以肘鼓子戏的源头应从属弋阳腔系统而出。

由弋阳腔演变而成的肘鼓子又是怎样成为各地自具特色的地方剧种呢？大致有以下三种情况：一、艺人们为农民请神镇邪，开锁还愿，招魂敬鬼，在淮北一带称为"开财门"；在鲁西南一带称为"打判判"。施术者手敲九环狗皮鼓，又唱又跳，有的艺人还按照画幅上的内容逐幅演唱。其形式颇似我国流传已久的巫婆跳神。巫婆，又被称为姑娘，所以肘鼓子在一定地区也称姑娘腔。二、沿袭历史遗留，演唱宋代传留下来的鼓子曲。何为鼓子曲？周贻白先生在《中国戏曲发展史纲要》中做了如下解释："其称鼓子曲者，系根据旧日所谓鼓子词而来。如宋赵令畤《商调蝶恋花鼓子词》咏崔莺莺事，即较早一例，降至清代，乃以传唱民间的一般俗曲为主，而沿称鼓子词。"三、直接与各地区独有的民歌小曲、秧歌、劳动号子等迅速结合，形成地方声腔。

高密茂腔送戏下乡演出现场（赵多欣摄影）

"肘鼓子"在流传过程中因受语言等各种因素的影响，曲调产生了变异，形成为各路肘鼓子，流行于淄博、济南附近的西路肘鼓叫"五音戏"；流行于淄博、广饶、邹平、桓台、滨县一带的北路肘鼓叫"抻腔"（或灯腔）；而流行于潍坊、青岛等鲁东沿海诸县、市的东路肘鼓分为"茂腔"和"柳腔"两支。肘鼓是种纨扇形、柄缀铁环的狗皮鼓，又名端鼓。蒲松龄《聊斋志异·跳神》中有类似的记载："济俗，民间有病者，闺中以神卜。请老巫击铁环单面鼓，婆娑作态，名曰'跳神'"。这种一边敲击狗皮鼓，一边演唱"姑娘腔"的"肘鼓子"，在吸收了花鼓秧歌的音乐及表演程式后，逐步形成了"肘鼓子戏"或称"肘鼓子声腔"。"肘鼓子"一说，曾得到研究者的认同，根据周贻白《中国戏曲论丛》记载，认为"周姑子"是"肘鼓子"的讹传。

传统茂腔《哑女告状》剧照

（2）"周姑子"说

民间流传关于"周姑子"来源的有多种，一种说法是：清代前期，尼姑庵里有一周姓尼姑，聪明伶俐、能歌善舞，她以哭诉的形式向世人诉说自己的悲惨遭遇，她的这种哭诉好像一种唱腔，这种唱腔又与当地的秧歌、花鼓融合在一起，形成一种广为流传的声腔，引起了农民群众特别是妇女的共鸣，就这样一传十、十传百，久而久之就形成了脍炙人口的"周姑子"调。

另一种说法是大约在清朝道光(公元1820年)年间，当时山东部分地区大旱，三年没下过一场雨，使得庄稼寸草不生，百姓为了生计不得不背井离乡四处逃荒要饭。当时有一周姓父女，两人相依为命，为了混饭吃，十五岁的女儿(人们叫她周姑)聪明伶俐、能歌善舞，她在腰间系一个鼓，边敲鼓边跳舞，其父身残拄拐，为配合女儿表演，他手敲梆子嘴里唱着"哦嗬嗬，哦嗬嗬"。父女二人走到哪里就演到哪里，深受广大群众的欢迎，从此人们就把这种小唱称为"周姑子"，因周姑把鼓系在腰间敲打起舞，又称为"肘鼓子"。也有叫"老拐调"的，因其父身残拄拐配合女儿表演而得名。

(3) "轴棍子"说

至今诸城、高密、胶州等地区的不少人仍然称茂腔为轴棍子，这大约也是"肘鼓子"的谐音。关于"轴棍子"，也有几种乡土喜趣地解释。一说是"肘鼓子"尚处于说唱时期时，艺人们携带若干幅画轴，每到一地，挂画于高棍之上，然后敲打着九环狗皮鼓，按照画轴上所画的内容，逐幅演唱(这些轴子上画的多数是宣传封建迷信、伦理道德的内容)，这一幅幅画轴轮流挑于木棍之上，故名之为"轴棍戏"。还有一种说法，当初艺人们演唱时，连皮鼓也没有，只是手敲两节木棍拍击节拍，此种木棍长短形状极似农用毛驴后臀上衡勒木棍(毛驴等牲畜后臀上衡勒木棍就被称为轴棍子)，所以艺人们演唱的肘鼓戏也被谐称为"轴棍子"戏。

(4) "正歌子"说

据茂腔老艺人回忆，学戏的时候，曾多次听师傅说，肘鼓子戏的正式名称是"正歌子"(在山东大部地区，"歌"读作"果")，他说肘鼓子、周姑子、轴棍子皆有"正歌子"三字念讹所致。有的老艺人还回忆起，1930年前后，他们所在的戏班到县城里的戏园演戏，张贴的戏剧海报上写的就是"茂正歌"。按《礼记·燕义》司马弗正，孔颖达疏："正，役也"。根据这一注释，

"正歌"可以解释为庶民、佚役们在出佚,干重活时所唱的一种曲调。

如果"正歌"一说能够成立,那就有两点新的认识:一是这一名字肯定是文人骚客、达官显贵之"赐",不会是劳动人民的命名;二是证实"肘鼓"的产生年代必然在康熙年代之前。至于说为什么大多数人都称"肘鼓子"而不称"正歌子",似也不难解释,因为解放前绝大多数的艺人和劳动人民不识字只知道读什么音,但不知是哪几个字。且因肘鼓子、轴棍子比较通俗、形象,所以大多数人都称肘鼓子、轴棍子,而不称"正歌子"了。

(5) 从"噢嗬罕"、"老拐调"到"本肘鼓"说

据老艺人们回忆,在清代中叶,高密、诸城、胶州等地区普遍流传着一种民歌小调,被称为"老拐调"。这是一种很单调的曲子,只分上下句,重复演唱,并且不管上句和下句,每句的句尾都用语气助词"噢嗬罕",至今在劳动工地或渔船起网时还可听到这种腔调的劳动号子。

根据"老拐调"每句的句尾都有"噢嗬罕"三个字耍腔这一特点,我们可以推定,"老拐调"是由劳动号子衍演而成的一种民间曲调(这里使人觉得"正歌子"也有些由头),"老拐调"粗犷、有力,其唱词全部使用俚质的本地方言或俗语,正如李笠翁语:"话则本之街谈巷议,事则取其直说明言",这也是茂腔尚处于雏型时期就固有的特点。正因如此,它拥有极雄厚的群众基础和旺盛的生命力。

十九世纪以后,各种类型的"肘鼓子"戏传到高密、诸城、胶州等地区,艺人们汲取着各地肘鼓之长,以本地民间小调"老拐调"为主体,

高密茂腔省级代表性传承人焦桂英剧照

形成了具有本地特色的"肘鼓子戏",这种戏曲,被称为"本肘鼓",意即本地肘鼓。《中国戏曲发展史纲要》称:"本肘鼓系诸、高、胶一带自别于其他各县而言,并无自居本源之意"。"本肘鼓"流传的地域不大,主要是在高密、诸城、胶州、沂州、五莲、日照一带。

"本肘鼓"的表演形式极为简单,唱时无伴奏,只有单皮鼓、大锣、小锣、小钹按节拍,生、旦皆为本嗓音色,全部角色都由男角扮演,没有女演员。据前辈艺人们说,"本肘鼓"在演唱之前,须先由打击乐鼓敲击"加官点",即按一定节奏敲击三十三下,然后才开口唱。

高密茂腔老生演员高润滋演出剧照

(6) "姑娘腔"说

据考,明万历年间抄本《钵中莲》传奇中有"山东姑娘腔"记载,清代李声振在《百戏竹枝词》中有具体叙述:"(唱姑娘)齐剧也,亦名姑娘腔,以唢呐节之,曲终必绕场婉转,以尽其致。"这种表演形式与"本肘鼓"的早期表演形式基本相符,只是"本肘鼓"曲终以锣鼓节之。张庚在援引李调元《剧话》中关于"女儿腔,亦名弦索腔,俗名河南调"的记载时解释说:"女儿腔,群众也把它叫做姑娘腔、巫娘腔,因为它的唱腔是从姑娘(妓女)们所唱的弦索调演变来的。所谓女儿是姑娘的同义语,'巫娘'即是'姑娘'的音转……。"同时,他还指出"这个声腔的形成,不仅和说唱艺术有渊源关系,而且与明代迄清初的许多歌伎的创造和丰富也是分不开的"。

不论"姑娘腔"还是"周姑调",其明显特点是女腔发达,原始的伴奏乐器只有锣鼓等打击乐,不用丝竹乐器,且唱调似有泣哭声。可见"姑娘腔"与"周姑调"颇多相似之处。尼姑作为社会的下层,精神上深受封建道德和佛门清规的束缚,她们要求返真还本,利用或改编某种曲调进行演唱,借以乞讨、化缘也是非常自然的事。当时流传的民歌《尼姑思凡》正是这种社会现实的真实写照。清乾隆年间所刻《缀白裘》戏曲选本,其中就有《思主》(即《尼姑思凡》)一折。同时还有人根据《尼姑思凡》的周姑调,写了一些茂腔剧本。由此,可得出结论:"肘鼓子"或"周姑子"是在融合了"姑娘腔"音调的基础上,又吸收了花鼓秧歌的表演程式,逐步发展为"肘鼓子"声腔系统。

综上所述,早期的茂腔是由花鼓秧歌发展、派生出的"肘鼓子"戏由西向东流传,与当地的秧歌等民间演唱形式相融会,又结合本地的语言习俗、审美特征衍化而成,也称为"本肘鼓"。"本肘鼓"又被称为"老拐调"、"噢嗬罕",因其曲调而得名。

茂腔前身(当时的海冒子调)最辉煌的记录是曾于清朝康熙二年左右进京演出,由海州艺人叫"老冒子"带队进京。此记载见于《海州志》,具体时间在1664年左右,至今已有三百多年历史,比"四大徽班进京"早了近一百年。自清康熙年间,茂腔作为一种演唱形式出现于高密、诸城、胶州一带,二百多年的发展史中,曾叫过不少名字,有"肘鼓子"、"周姑子"、"轴棍子"、"正歌子"等,发展到后期被称为"本肘鼓"、"冒肘鼓"、"茂肘鼓"等。最初,在城乡活动只有一个人挨门演唱,艺人们称这种形式为"唱门子",后发展到"撂地"演出,艺人们在集市广场或街旁道边设点演出,吸引众人前来围观。到20世纪初,在演唱形式上有了突破性发展,出现了戏班,从单纯的演唱向代言体的戏剧过渡,演出场地上有剧中人物出现,从一个演员扮演几个角色发展到一个演员扮演一个角色,并且有了简单的化装,这是茂腔发展为地方戏的雏形。

2.茂腔的演变与形成

茂腔在形成和发展中,大体经历了三个明显的阶段,即本肘鼓阶段,冒肘鼓阶段,茂腔阶段。

(1)本肘鼓阶段

大约在一百五六十年前,"肘鼓子"由西向东流传。剧目多是反映男女爱情、家庭伦理道德的生活小戏。生活气息浓厚、语言通俗易懂、唱词丰富生动、曲调则质朴自然,很受群众欢迎。当时还没有区分男女唱腔,还不能从音乐上突出人物性格的变化。本肘鼓的唱词是分节式民歌形式,多为七字句,下句带有"噢嗬罕"的尾音,"从而形成了如同劳动号子那种粗犷、有力、热情、奔放的风格,使人听起来有一种'饥者歌其食,劳者歌其事'的质朴情感"。所以有些老艺人称本肘鼓为"噢嗬罕"调或"老拐调"。

本肘鼓的主要特征是:旋律简单、曲调低沉,节奏平稳、结构上有两个平行乐句。其唱词是分节式民歌形式,演唱时没有丝竹乐器伴奏,只有一面鼓、一个梆子和一面手锣。而化妆则更为简单,演唱者在脸上抹些口红、粉,男角系条毛巾,女角系串彩珠之类,就地一围便演唱起来,群众叫它做:"踩薄土"。经过一二十年的发展,前辈艺人对"本肘鼓"调从唱腔和乐器方面作了改革,又经过众多艺人们的演唱实践衍化成了"冒肘鼓"调。

(2)冒肘鼓阶段

约在清咸丰、同治年间,本肘鼓发生了一次重大变革。这场革命,是由一还俗的尼姑一家从海州、临沂流浪到诸城、高密、胶州地区演唱肘鼓戏引起的。

同治末年,还俗的尼姑"老满洲"带领她的七个儿女从苏北、海州、山东临沂一带转到了山东胶东一带演唱。演唱的戏曲名字也叫肘鼓子,这种戏在苏北被称为"拉魂腔"、"海冒子"。

她们在海州一带演唱时,当地群众称该戏为"海冒子",其唱腔的一个显著特点是:女声唱腔的下句句尾音翻高八度,谓之"冒调"。在伴奏方面,除用鼓等按节外,还使用了柳叶琴伴奏,柳叶琴即今之柳琴。还有一个特点是出现了女演员。女声唱腔尾音翻高八度的唱法,老百姓听之感到非常新奇,称这种唱法为"打冒",并逐渐以此作为衡量演员演唱优劣的标准。

为了生存和发展,"海冒子"和"本肘鼓"互相学习借鉴,吸收消化,唱腔有机地溶汇在一起,形成了高密、诸城、胶州地区人民喜闻乐见的剧种"冒肘鼓",以后,由谐音关系,亦称"茂肘鼓"。冒肘鼓这个"冒",主要取自

高密茂腔《姊妹易嫁》剧照

海冒子的"打冒",意即耍腔高出本调,赞誉这种曲调高亢、明快。

这一时期的演出剧目日益丰富多彩,有了冒肘鼓这一剧种的保留节目,"四大京":南京《京郎寻父》、北京《求情割袍》、东京《赵美蓉观灯》、西京《裴秀英寻夫》;"八大记":《罗衫记》《玉杯记》(王二姐思夫)《绣鞋记》(王定保借当)《火龙记》(张郎休妻)《金簪记》《钥匙记》《风筝记》《丝兰记》等近百个具有本剧种特点的剧目。

随着戏班阵容的扩大,演员表演演唱水平的逐步提高和剧目的丰富多彩,演出的范围开始由乡村进入城市。

大约在1910年左右,巩玉忠、于瑞亭等艺人开始进入青岛市区演唱。1920年前后,以刘顺仙、巩顺红、张顺来等人组成的"顺和班"不但在青岛、烟台一带演唱,而且去大连、抚顺、营口、长春、沈阳等地辗转巡回演出达十五年之久,此间,张凤保、宿艳琴也先后到过大连、沈阳、丹东、天津等地演出。在这些大城市的演出中,冒肘鼓艺人广泛接触了其他剧种,为冒肘鼓剧种的发展奠定了深厚的基础。

当时高密本土的冒肘鼓艺人遍布高密全境，比较著名的有：辛庄的刘宗文和其子刘德顺，安家庄的段清梅，北斜沟的郑文召，河崖的冯老九，柏城的宋继成，注沟的范志礼（范八），井沟的范文彩、薛山。他们都是从学演"本肘鼓"开始，融合外来演唱艺术之后，演唱冒肘鼓成名的一代承上启下的艺人。

(3)茂腔的形成阶段

自20世纪40年代初，人们渐渐不大喜欢冒肘鼓每番句末"打冒"的唱法，随着剧种发展和唱腔的变化，演员在演唱中也因此而逐渐减少了八度翻高次数，只在花腔演唱段中使用"打冒"，使唱腔形式更趋合理。人们根据"打冒"谐其原音并取其茂盛之意，"茂腔"的叫法也逐渐为戏班和群众所接受。从此，"茂腔"便取代了唱腔每番"打冒"的冒肘鼓。茂腔因地域语言特色的不同，又有东、西路茂腔之分，胶州以东为东路茂腔，高密以西为西路茂腔。当时，高密南乡辛庄村有知名艺人刘宗文（1863-1936），中年起向同村人传艺，有弟子刘叶合、郎福成、温德堂、刘德瑞（刘宗文之子）、季小堂、陈顺三、刘学连等。其中多数人在建国后成为各地茂腔剧团的创建人及主要演员。

建国初，由于各级政府的扶持，茂腔开始进入昌盛繁荣期，至1952年，邻县不少演员流入高密，一时间高密为海西（艺人称青岛以西地区为海西）艺人云集之地，农村剧团多达44处，能坚持常年演出活动的就有21处。在这些民营剧团中，阵容强盛的有

高密茂腔《五女兴唐传》剧照

群力、民乐、胜利三个职业民营剧团。

群力茂腔剧团

1952年初，拒城河乡辛庄人李玉堂召集王运臣、孙运华及胶县人徐如意（工老生）、殷翠云（女、工花旦）、王会义、崔玉凤（女、工青衣、花旦）、兰顺法（操琴）等组建剧团，取名群力剧团，首演于高密县城。同年春天，人员增至35名，职业演出效果良好。随后赴胶县演出，曾一度接受专署文教科及中心文化馆管理与指导。是年春天，剧团几经散合，至7月末，负责人李玉堂约吕玉林（原城律高家庄剧团负责人，村干部）出任行政团长，自任业务团长，重整剧团。1953年3月，返回高密县城住北关演出，成为高密职业剧团之一，并建立了学习、剧团审查、经营管理等规章制度。同年，辛庄陈艳琴、注沟乔俊鲁及诸城人王仙梅（女）等人参加剧团，至1954年1月全团成员32名，大小剧目均能上演。1954年，1955年9月30日，胶州专署调整剧团隶属关系，自10月份起，群力剧团划归诸城县领导。

演出剧目：剧团演出剧目初为《王登云休妻》《打水》《梁山伯与祝英台》等，以后大小剧目均能演出。1954年12月参加了胶州专区第一届戏曲观摩演出大会，演出了现代戏《李二嫂改嫁》。王仙美、乔俊鲁、殷翠云分别扮演李二嫂、张小六、天不怕等角色，均获得一等演员奖。

民乐茂腔剧团

民乐剧团于1953年3月在高密县拒城河乡刘家屯成立，负责人是该村刘星五和辛庄村的刘德瑞，初有成员二十余名。不久，进驻县城南河湾进行职业演出，并租赁赵家客店安身。同年夏天，演职人员增多，吸收双羊人高润滋（师从薛山）、张永兰、诸城人赵贵林、祝述兰（女）等主要演员，人员多达38名，并赊购竹竿、席子修建简易剧院，工程未完，即被县文教科强令解散，人员离散。1954年春刘星五召集原班人马（高润滋已参加胜利剧团）到胶县发展，改称"同乐茂腔剧团"，曾经属诸城、胶南，几经辗转最后定居五莲县，是五莲茂腔剧团的前身。

演出剧目：《丝兰记》《北平府》《金香亭》《铜台府》以及"四大京"、"八大记等"。

胜利茂腔剧团

　　1951年,张彦平在蔡站村组织徐德成、焦桂英、蔡培志等人开展文艺活动,演出《小苍山》等剧目,后召集斜沟村李化开、刘耐功(郑文召的二期徒弟)及辛庄人陈顺三、刘学连等人演戏。张彦平自任教师口授传统剧目,并负责全面工作,演职员二十余人。1952年1月,张彦平参加的县农村剧团联合会结束以后,得到村负责人赵为好、王志兰、宋洪升等人的大力赞助。成立半职业性剧团营业演出,始称"郑国剧团",后改为"胜利剧团"。1953年春,转为职业剧团。年末,有成员32名(男17名、女15名)。1954年5月转为县级职业剧团,刘玉堂任行政团长,张彦平任业务副团长。

　　这期间出现了大批著名的茂腔艺人:张彦平、焦桂英、高润滋、曾金凤、袁成立、兰顺法、王培仙、祝述兰、尹翠云、崔玉凤、王仙美、乔俊鲁、姜怀义、张其荣、范兆启、宋爱华、徐德成、范云洁、马玉梅、邓桂秀等。这些在旧社会历经苦难、被反动统治阶级所鄙视的艺人们,扬眉吐气,成为新中国的

省级茂腔代表性传承人夏美华剧照

宠儿，他们以百倍的热情回报祖国，足迹遍及齐鲁大地，成为山东省内影响较大，专业剧团较多的地方戏曲剧种。这个时期一大批人才走出高密，到周边地区演出建团。曾子明、温德堂、温秀琴等创建青岛金光茂腔剧团；李玉堂、王运臣，乔俊鲁和王仙美夫妇，陈艳琴（小二嫚）等创建诸城剧团；刘星五、刘德瑞、王配仙、周茂臻等创建五莲茂腔剧团；马玉梅、王淑娴等加入胶南茂腔剧团，他们成为这些专业剧团的创始人或主要演员。

　　解放后，党的文艺方针给地方戏带来新的生机，"冒肘鼓"正式定名为"茂腔"。艺人们进行了登记，参加了固定剧团，不再盲目流动。政府派了一批文化干部到各茂腔剧团，帮助剧团的发展，进行了戏改工作，对剧目进行彻底整理，保留精华，剔除糟粕。记录、整理、发展了茂腔曲谱，改变了幕表制的说戏方法，建立了导演制。同时挑选了部分骨干演员，到各级戏校进修，分配戏校毕业生到茂腔剧团，充实剧团力量，又招收了部分艺徒。20世纪50年代，一批茂腔名家和编导，先后连续参加了三届山东省戏曲讲习班及编导讲习班、戏曲专业训练班等培训，排练演出了几十个传统剧目，为茂腔的传承，创新和发展，做出了卓越的贡献。从此，茂腔开始有了自己新一代有文化的演员。这一切措施，大大提高了茂腔的艺术水平，使茂腔在文艺百花园中得放异彩。

二、茂腔的音乐板式与语言特点

1. 茂腔的音乐板式

　　茂腔音乐是茂腔戏的重要组成部分，是区别于其他各剧种的重要标志，离开了音乐，就不能称其为地方戏，也就不叫茂腔了。茂腔音乐大致包括唱腔、文武场伴奏、曲牌等几个方面。

　　茂腔音乐的形成发展，大致经历了由民俗俚曲—板腔、曲牌雏形—板腔体的确立—板腔体的组合这样一个过程。

　　茂腔声腔有两个调式，分别为B徵调式和B宫调式，一般称"正调"、"反调"，男女同调不同腔。板式有"原板"、"二板"、"散板"、"摇板"等。曲牌有"四不象"、"小生娃娃"等。

　　茂腔音乐的板式和曲牌以及文武场的伴奏一开始都很简单，后来很多是

吸收了梆子和京剧的还有评剧，经过实践与加工变为茂腔的板式和曲牌，丰富了茂腔的板式和曲牌。解放前在20世纪由于社会的动荡，加上天灾人祸，很多老艺人当时为了养家户口，各剧种之间相互搭台唱戏，无意间促进了戏曲的发展，促进了各剧种相互融合吸收。茂腔在明清时期和其他肘鼓子戏曲一样是使用梆子和手锣还有小钹等打击乐伴奏，到了清朝中期，由还俗尼姑加入了柳叶琴和月琴伴奏。到了民国期间各剧种之间的艺人相互搭台唱戏促进了茂腔音乐的发展，尤其是梆子特别是河北梆子对茂腔的影响最大，茂腔的乐器伴奏加上了梆子的板胡、坠琴和扬琴。在解放前夕，京剧进入了山东和青岛地区，也和茂腔等戏曲搭台唱戏。所谓的搭台，就是几个剧种的演员凑在一起，组成一个班子演戏，各带各的琴师，一个剧种唱完了，另一个剧种唱。久而久之京剧的琴师也学会了茂腔的演奏方式，偶尔为茂腔伴奏一下，演员和观众都感觉伴奏上有耳目一新的感觉，后来发现是京剧的琴师在用京胡伴奏，听起来旋律非常不错，就决定试着加上京胡伴奏的方式，并对茂腔的音乐加以创新改革，使茂腔音乐更加丰富。

茂腔音乐板式运用的特点：一是茂腔板式运用的整体性、规范化。茂腔属于一泄式传

传统茂腔《杨八姐游春》剧照

统说唱艺术，板式与唱段的结合，每个唱段表现的复杂情绪，都能相应的表现出来，板式变化伴奏相应跟着变化。二是茂腔板式运用的针对性、灵活性，板式的不同变化会表现不同的场景、人物性格，要表现叙述、抒情的沉闷可用原版等等。三是茂腔板式运用的模拟性。由于茂腔属于地方说唱类小戏，因此每出戏都有固定的板式转换规律即散-慢-中-快-散的特点。四是茂腔板式运用的独特性、新颖性同一板式的细微变化都会表现不同的场面、情绪。

2. 茂腔的语言特点

语言，是戏剧的要素，戏剧是语言的艺术。老艺人们常说，七分念白三分唱，充分说明了语言在戏剧中的重要位置，我们这里所说的语言，包括念白和唱词。

清代戏剧理论家李渔曾说过："戏文做与读书人与不读书人同看，又与不读书之妇人小儿同看，故贵浅不贵深。"（《闲情偶寄一卷，词采第二》）这正是茂腔语言的最大特点之一，它通俗易懂，朴实无华，基本上全是一些口语化的语言，它没有一些华丽的辞藻堆砌，也没有封建士大夫们那种花前月下的无病呻吟，有的却是充满了泥土气息、生活气息的人民的语言。有一说一，有二说二，通俗易懂。这也是广大观众之所以喜爱茂腔的重要原因之一。

茂腔语言的另一个显著特点是，大量地使用本地的方言俚句，增加了语言的诙谐感、趣味性。人民的语言是非常丰富而又充满幽默感的。在茂腔的念白和唱词中，经常可以听到一些来自生活、妙趣横生的歇后语，言简意赅地说明问题，又非常有趣，且又富比、兴。如解放前曾风靡一时的《穷吵年》有这样一段唱词：（旦唱）"小他大大你落了座，咱蹁上腿来啦长谈，自从你在衙门里闯，不管俺娘们吃和穿。今天腊月二十二，明天是腊月二十三。东屋里婶婶蒸饽饽，西屋里婶婶蒸米面。邻舍百家把年办，馋得咱小里外窜"。（按：小他大大，半岛地区方言，意即孩子他爹。蹁上腿来，即把腿拿上来，盘腿而坐之意。饽饽，即馒头。米面，是用稷子推成面做成的发糕类食物。"咱小"就是咱们的孩子）。寥寥数语，即勾划出乡村妇女与在衙门当差的丈夫之间的一场戏剧冲突，反应了该地准备过年时的风土人情。像这类在日常生活中常见的语言，在戏曲中出现，群众感到分外亲切、开心，一下子就把观众和剧中人物的距离大大拉近，使观众和剧中人的感情交流更为直接，所以这些戏观众爱听、爱看。但是，由于茂腔偏重于喜欢方言土语，也影响了茂腔向更大的地域扩展。怎样在不失掉茂腔特色的前提下，尽可能地扩大茂腔的影响，这是摆在茂腔工作者面前的一项重要课题。

三、高密茂腔的繁荣发展

　　高密茂腔剧团自创建以来，有过闪光的历史，也有过不景气的时期。党的十一届三中全会以来，一大批优秀传统剧目重新出台，茂腔又一次焕发勃勃生机。剧团以"出新人、出新戏、提高艺术生产能力"作为深化剧团改革的指导思想，注重在"树"人方面下功夫，以保证茂腔事业后继有人。在艺术实践中开创"以戏带人、以人带戏"的创新探索，取得了明显的效果。

现代茂腔戏《盼儿记》剧照

　　1986年以来，剧团在全国性戏曲出现低谷的困境中，正视现实，不断改革，勇于开拓，寻找发展契机，闯出一条"走出去演戏，请进来编戏，大搞横向联合，努力翻新创新"的路子。一方面，对传统优秀剧目进行挖掘整理，坚持到广大农村基层演出；一方面积极与市直部门联系，编排适合于宣传自己的现代戏，做到年年有戏排，有戏演，取得了较好的效果。先后与计生、财政、保险、税务、水利等部门合作，编演了《盼儿记》《根的呼唤》《瓜园情》《芝麻官断案》等现代戏，赴省、市汇报演出并获奖。其中《瓜园情》被山东电视台录制成舞台戏曲片，播出后受到普遍欢迎。特别是由牟家明创作的大型现代茂腔戏《盼儿记》，1990年应文化部邀请晋京演出获得誉满京城的轰动效应。时任文化部长的贺敬之亲笔为《盼》剧题写剧名，受到文化部、国家计生委、中国剧协的表彰和奖励，并荣获全国"第二届人口文化奖"二等奖。1993年创作的茂腔《根的呼唤》荣获省"精品工程奖"，1995年又被推荐参评"曹禺戏剧文学奖"获得提名奖。《盼儿记》、《根的呼唤》这两部大戏均被长春电影制片厂改编拍成故事片，于1994年前后在全国公开发行放映。从1990年—1996年，全团有十余名演（奏）员获得省级演出奖。近年来，剧团又重新挖掘整理，精雕细琢。与齐鲁音像出版社共同出品VCD24部和史上第一张茂腔卡拉OK光盘，全国发行，深受广大戏迷观众的喜爱。2009年7月7日晚7时30分，中央电视台11频道，"燕升访谈－戏苑百家"高密茂腔专辑正式播出，这是高密茂腔继1990年晋京演出后，第二次走进北京，走上中央电视台的屏幕，再一次向全国的电视观众展示了高密茂腔的艺术魅力和勃勃生机。

四、茂腔的保护与传承

随着各级党委政府对文化的重视，一些扶持发展的文艺政策的出台，为茂腔的发展注入了新的活力。2008年初，为切实保护好这一传统戏曲艺术，使其在传承中不断得到发展，高密市委、市政府专门作出关于弘扬高密茂腔、探索高密茂腔发展新路子、新途径的重要指示，将茂腔剧团的差额拨款改为全额拨款，解决了茂腔剧团排练经费不足和职工工资福利待遇等一系列问题。

为保护和传承好高密茂腔这一国家级非物质文化遗产项目，兴办高密茂腔少儿班，是高密市委、市政府又一项重大举措。根据全市文化建设工作会议精神及高密市茂腔剧团的现状，市委、市政府决定面向社会公开招收年龄在11-13周岁，勤奋好学，喜欢茂腔，有吃苦耐劳精神的青少年参加高密茂腔少

儿班。2008年11月14日，"高密茂腔少年班"在潍坊艺校举行隆重开班庆典仪式，出席的领导有山东省文化厅副厅长李国琳、潍坊市副市长王秀河、山东省文化厅社教处处长张钢、时任高密

2010年4月，高密茂腔少儿班学员在第三届潍坊文展会上演唱茂腔选段

市委副书记、市长范福生、高密市委常委、宣传部长万丽等。茂腔少年班学员经过五年的专业学习已于2013年结束。通过考试、考核后，到高密市艺术剧院茂腔剧团参加表演艺术工作。并以茂腔少年班学员为主体组建了高密茂腔青年团，为茂腔注入了新的活力，同时解决了茂腔青黄不接的局面，为茂腔的传承、弘扬与发展奠定了基础。

2011年10月，根据传统茂腔《墙头记》改编而成的动漫剧，连续在电视台播放7次，播出后受到了广泛好评。并在当年的山东省高考试题中，作为考察考生"文化创新"知识点试题。2012年建立非物质文化遗产传习所，2013年被潍坊市命名为"高密茂腔传承基地"。2013年6月，由中国关工委和中国戏曲学院主办的海峡两岸非物质文化遗产演出晚会在福建举行。艺术剧院选送、茂腔少年班演出的传统茂腔《梁祝》作为唯一一个地方戏剧种被选中。参演节目为《梁祝》选段，由高密茂腔少年班学员演出，他们以委婉的唱腔、优美的扮相获得了现场观众的好评。中国关心下一代工作委员会公益文化中心和中国戏曲学院联合授予"海峡两岸青少年非物质文化遗产传承基地"。通过参加交流演出，提高了高密茂腔的知名度，更加有利于推动这一国家级非物质文化遗产项目的传承与发展。

高密茂腔传承人焦桂英在传授茂腔表演艺术

  振兴茂腔是一项复杂的系统的社会工程，单凭一个部门、执著的茂腔工作者是难以完成的，必须依靠全社会的力量，自觉增强责任意识和紧迫意识，加大茂腔普及力度，特别是在农村利用农闲季节组织好会演宣传，开展群众性茂腔比赛演出活动，让专业剧团演员积极培养业余茂腔剧团演出人才，真正把高密茂腔办成高密城市名片，进而走向全国。

第四章

传统体育与竞技

武林中的一朵奇葩——地龙经拳

"地龙经拳"又称"地功拳",是古老的传统武术拳系中的优秀套路之一,因其"腰身柔灵翻滚巧,随势跌扑似虎豹"套路动作多用腾空跳跃、跌扑滚翻而得名。2013年被列入山东省级非物质文化遗产名录。

一、概述

据史载,高密张桥,字云鹤,太学生,高密松园张家第十三世孙,其祖上有名的人物是张家五世张福臻。张福臻生于明朝万历九年(公元一五八一年),以进士身份被朝廷录用,历任河南省临颖县知县、山东省东明县知县等,因其政绩显赫,作战有功,崇祯十五年被晋升为兵部尚书,皇帝亲自下旨在其家乡高密张家巷建立牌坊一座以示其功德。

高密地龙经拳掌门人杜文明介绍地龙经拳发展史

相传清朝雍正年间,当时有一批在京中侯用的侠客,因犯事遭大清皇室所

派的大内高手所追杀，四处散落潜入民间。有一身怀地龙经拳术的侠客在被追杀过程中落难高密与平度交界地。在尚留一口气息之时被当地乡民从一草垛中救出，对乡民救命之恩无以回报，便留在此地经过二年时间将全套地龙经拳术传授给乡人，此后地龙经拳便在高密民间广泛留传开来。清末年间张桥去高密与平度交界地访亲会友，见友人演练地龙经拳法，张桥做为一个练家子，一看此拳路就被其凝重厚度的套路，招招可致人伤残的招数所吸引并非常喜欢，恳求友人再三，友人才传给他。

张桥回到高密后，视地龙经拳为家宝，率弟子们重点传授练习，自此后张家后人便世代练习传授地龙经拳。张桥也就成为地龙经拳传到高密的第一代传人代表。后来张桥所传弟子除自家子孙外，学练此拳弟子中在高密有三家得其真传，那就是城北大王庄官家，城东郓家沟卢家，柏城堤东李家。这三家做为张家传人得到张家认可后又各自在本家祖中传练至今，现尤以城北大王庄官家最为突出，将地龙经拳代代传授，将该拳种在高密近代期间发扬广大。

城北大王庄官家的地龙经拳得自张家第二代传人代表张作升亲自传授。张作升，字少云，时人称张家二少，他系张桥之弟张翊次子，子承伯父张桥之能，自幼练武，曾任高密城区各校武术教员，以传授地龙经拳出名，在松园张家历代子孙中也属于一个比较有名的人物。官家属于一个大家族，家景比较厚实富裕，在城里有多处买卖铺店，且在青岛四方还开有一个印染厂，解放前高密城出名的裕德大油坊就是该家所办。正因如此，也被当时散落在高密各地一些专事绑票劫舍的土匪所重点光顾算计之地。官家子孙平时也练习一些武术套路，除强身健体外，也有着为了保家护院之目的。后来张少云在回到故乡后，受官家所邀请设立拳房开始对官家子孙传授地龙经。

当时官家练习此拳中的一个重要角色官维昭为学练此拳中的佼佼者，也顺其自然的成为官家所学地龙经拳中的首位传人代表，也被松园张家承认为地龙经拳在高密传授的第三代传人。据说松园张家将地龙经拳法二十四路，刀法十二路，六合大枪六路都尽数传授给官维昭，现官家存有地龙经拳谱一本。官维昭，人称十爷（因官家维字辈兄弟大排行数第十位），是一个对练武如痴如醉的人物，对张家所传二十四路地龙经拳练的是收发自如，得心应手，深得拳法精髓，武艺大增，一时在四乡邻中名声大振。十爷官维昭亲传弟子有其四个侄子官志诚、官志臣、官志江、官志廷，还有程砚臣、迟金昇、单联明、施必顺等人，最后十爷选择官志臣为官家地龙经第二代传人代表。

官志臣，字星南，生于1913年，卒于1992年，享年79岁。官志臣也是自幼随十爷习武，十六岁时就在高密火车站上学徒当通讯工，后调青岛火车站。他最大的功绩是青岛解放前，他积极配合中国人民解放军铁路军管会，及时交接了铁路段的工作运行程序和有关重要资料，解放后荣获青岛市第一届劳动模范称号。1951年抗美援朝时参加中国人民志愿军赴朝作战，荣获三等功，且在作战中腿部受伤，是一等残废军人。官志臣自幼跟着其长辈官十爷练习地龙经，功底打得很厚实，他的特点是不好张扬，脚踏实地。

官志臣在抗美援朝中右腿受伤并留下后遗症，后来回到老家城北大王庄疗养。在这期间，考虑到地龙经拳不能自他手中失传而中断要辈辈传承下去的十爷遗训，便开始在北大王庄官家子弟和村里有志练武的青少年中挑选徒弟传教地龙经拳。那时还是六十年代末，七十年代初，中国的大环境正是物质生活贫乏时期，精神生活就更不用说还有什么了。白天在生产队干活，晚上面对漫漫长夜早睡又睡不着，后来就有十几个青少年利用晚上时间跟着官志臣在其家中当时简陋的小院里学练地龙经。这些人凡是坚持到底的都得到官志臣的真传，这些人有杜文明、徐清德、张庆华、刘永福、刘加伟等人，其中尤以杜文明最为突出。

杜文明，高密城北大王庄人氏，因兄弟六人他最小，高密人认识他者都称他杜六，其人因练地龙经拳并得到官志臣真传而在高密武术界扬名。

杜文明自十五岁开始就投在官志臣门下学练地龙经，开始学时年纪尚小，并没引起师傅注意。随着年龄的增长，一直坚持不懈从未间断地跟着师傅勤学苦练，后来得到了官志臣师傅的重点培养和偏爱，常常亲自给他领拳指导，用了七、八年的时间将地龙经的拳路学会，在众多师兄弟中以功底扎实、谦虚好学、不怕吃苦、天天练习不间断而成为佼佼者。

1984年秋天，年事已高的官志臣师傅举行交接仪式，将地龙经拳进入官家后的第三代传人代表传位于杜文明，同时交给杜文明自己亲笔抄写的地龙经拳

谱一本，嘱托杜文明要挑起地龙经传人的重担，要求杜文明广教弟子，将地龙经拳在高密要传播发扬光大，并要大力宣传下去，使在高密有着近二百年历史的地龙经拳这一民间瑰宝得以传播，在高密大地上再度生辉。

省级代表性传承人杜文明在演练地龙经拳

二、拳法与套路

地龙经主要拳法：地龙真经，利在底攻。全身练地，固强精明。伸可成曲，住亦能行，曲如伏虎，伸比龙腾，行住无迹，伸曲潜踪。身坚似铁，法密如龙，翻猛虎豹，转疾隼鹰。倒分前后，左右分明。门有变化，法无定形。前攻用掌，二三门同。后攻用足，踵膝过用。远攻追击，近则迎接。大胯着地。侧身成局。仰倒若坐，骀骨单凭。高低任意，远近纵横。

地龙经拳主要套路：上盘套路包括鸳鸯脚拳架；六和拳；美女照镜；次六和拳；十字披；酒醉八仙。下盘套路包括骨寸腿拳架；中风剪拳架；花车；河东；指东；行者出世；歪十披路；扑刀路；捻腿上手；捻腿下手；蛩翘；韩通；辕门；美女照镜；如花剪；翻天印；行腿；小园堂；大园堂；十字披；酒醉八仙。

"地龙经"拳的主要腿法有：剪、蹬、蹦、缠、绞、绊、勾、挑、扫、挂、摆、踹、跺、捆、踩等。其中尤以剪为最，分为上风剪；中风剪；地风剪；蹬剪；如花剪；单剪；压剪；拨剪；滚身地风剪；倒剪；摇剪等。跌法有：扑跌；仰跌；侧跌；跳跌；撞跌；绊跌；勾跌；坐跌；靠跌；缠跌；硬跌；软跌等数十种。滚法有：抢背（抢腿）；双手扣；蹦打双手扣；倒（后滚倒蹬）斜滚；横滚等。拳谚云："手是两扇门，全凭腿打人"。

地龙经拳经典动作

"地龙经拳"的基本功法，练习步骤与方法也和其它拳种的练习一样都应先练习基本功法，基本功法一般包括：肩、臂、腰、腿、掌、步、跳跃、摔跌、滚翻、平衡等以及穿插一些小的徒手动作组合练习。通过基本功和基本动作的练习，可使身体各部位得到较全面的训练，并能较快的发展"地龙经"拳的专项身体素质，为学习掌握套路和提高技术水平打下良好的基础，因此说掌握好基本功和基本动作就保证了套路的演练质量。第一阶段应先习练各种腿功，如：下踢腿、斜踢腿、侧踢腿、骨寸腿（外摆腿）、大小挂面脚（里合腿）、朝天脚、跺子脚、侧踹腿、大挑（前扫腿）等，初学者可练习其中一部分动作，也可以配合练习一些基本功法，如：压腿、侧压腿、跨虎步（弓步）、马步、仆步、虚步、独立步、歇步等及一些力量方面的练习。第二阶段可学习鸳鸯脚、施风脚、腾空摆莲脚、侧手翻、前手翻、后手翻等。这些动作

难度较大，最好不要急于求成，要特循序渐进，拳友之间加以保护注意安全，中间可穿插一些如：拖步、逗步、踔步、带步扑刀手等组合动作。第三阶段要学习一些跌扑滚翻的动作如：左、右枪背、双手扣、蹦打双手扣、上风剪、中风剪、地风剪、鲤鱼打挺、踮挑、翻身挈腿、鱼跃前滚翻、扑虎、蚩翘、抗旗、兔打、缠腰腿、压剪、蹬剪、如花剪、拨剪、倒（后滚倒蹬）、滚身地风剪、翻天印等。这些动作初学者可能会出现头晕恶心，腰背痛疼等舒服症状，短时间内就可自动消除，另外需用一些器械加以保护如：护具、软垫子等，教练人员应加以辅助保护。第四阶段，可以开始学习套路，但每次学习套路前必须先练基本功，这是必修课。习练套路时必须遵循先上盘，再下盘，先简单后复杂，先易后难的原则，习练地龙经拳套路一般先从鸳鸯脚拳架，六合掌、次六合掌、美女照镜等套路开始，因其是上盘套路难度小，便于学习。初学者在习练套路阶段动作不宜过多，过多容易造成"太多嚼不烂"。动作力求达到工整，到位，也就是要求姿势规范、清晰、准确，达到标准。动作定型才不至于出现演练套路时的"虚"、"飘"、"浮"等花架子现象，动作要边练边整边整边练，在动力定型的基础上逐渐达到手、眼、身、法、步五大要素和形神兼备，内外兼修的协调、统一。并且要逐步加大动作的力度和速度。另外要进一步安排好整个套路演练的起势、收势、进退腾挪、抑扬顿挫、节奏鲜明、刚柔相济。动作要快速勇猛，舒展大方，刚劲有力。把本套路的精、气、神、力、功、风格特点完美的展示出来，充分的展示出人体的健、力、美和内心精神。

拳谚云："拳打千遍自然熟"，"师傅领进门自修在个人"套路学完后重在经常练习，才能做到熟能生巧，有效的提高全面身体素质和技术水平，达到炉火纯青的地步。

三、主要特征

"地龙经拳"的主要特征是：它以超出常人的做法，以手当足，以足当手，利用地躺动作，以手做支撑，充分发挥腿长，力大的优势，主要攻击对方的下盘。腿法奇猛、跌法巧妙、腰身柔灵翻转折迭，吞吐伸缩、高低起伏、大开大合、刚柔相济、变化多端、交手实战讲究形退实进、可远可近、轻灵稳固、出奇制胜、声东击西、虚虚实实、闪辗腾挪、使对方防不胜防。

高密地龙经拳参加"孙膑拳杯"首届山东省非物质文化遗产武术项目展演大会

"地龙经拳"不同于其它拳种的另一大特征是：套路熟练之后，在其内容、动作不变的情况下，每一个套路都可以进行领拳，所谓领拳就是：领方甘当"活靶子，捶垫子"配合对方，给对方"喂招"，如"初学者两人配合练习的小组合、逞步、踔步、拖步扑刀手等及全部二十四套拳路。领方要主动配合对方，给对方当好"捶垫子"提高自己的防守意识及被动情况下的摔跌保护技术。领拳套路熟练后，打斗场面以假乱真，高低错落，惊险刺激，气势猛烈，不仅提高了它的观赏价值，又提高双方的实战技法。攻方在领拳中不仅练习了套路技术，并且在剪、打、摔、拿中体验了技击技术的真谛，逐渐领会各种动作的要领，达到"快、准、狠"。同时也提高了个人速度、力量、灵敏性、耐力等综合身体素质，增强了实战中的攻防意识，达到了学以致用的目的。

"地龙经拳"还有一特征是从第一路到第二十四路，套路有长有短，动作由简到繁，循序渐进，套路系统，结构严谨，刚中有柔，刚柔相济，节奏明快，各有特色，起势大多采用，软蹬扑，进步打掌等较易的站立动作，收势大多采用双立肘，仙人拱手等。套路的演练上采用了在掌握好基本功的情况下先

上盘再下盘的教学方法，套路段落来回折返，直来直去，辗转腾挪，动作明快，起横落顺始终保持了"拳打一条线"之说。

　　笔者在搜索这些地龙经传说的资料和申报"地龙经拳"为非物质文化遗产保护名录过程中就发现了一种精神，一种贯穿地龙经传播过程中的尚武精神，凡学练和接触者都被注入了这种责任感的尚武精神，我想这也就是该拳种能在民间得以辈辈传播了近二百年的原因。历史付予了我们使命，我们应该当仁不让，振奋精神，励精图治，将"地龙经拳"传承下去，发扬光大。相信在不远的将来，高密地龙经拳将会焕发出更加旺盛的勃勃生机，在中华武术百花园中绽放其独有的武术魅力。

阴阳变化、招招制敌——九五拳

中国传统武术是中华民族的优秀文化遗产,其拳种流派繁多,内容丰富。高密九五拳就是其中非常有特色的一种。"上到九十九,下到刚会走,河西人耍拳,人人小五手。"这是外乡人对河西拳术的评价。"河西的人,都会三四捶；河西的狗,都会小五手,"，这句话并不是骂人,虽有玩笑的意思,但从另一方面也说明了高密九五拳深受当地人们的喜爱。2014年"九五拳"被列入潍坊市级非物质文化遗产名录。

一、概述

高密市夏庄镇河西村先祖李宣忠乃行伍出身,本系军营里的教头,身怀绝技,精通太祖长拳、少林五虎群羊棍、岳武穆陆合大枪、武当剑、铁环鞭等。先祖李宣忠是河北省枣强县哨门里人,为青州军籍,洪武二年大淹山东时,随军屯迁居高密东北乡,当时军阀混战,土匪猖獗,先祖立下祖训,男丁耕种习武,妇女织布做饭,农忙时耕田劳作,收割播种,冬季农闲时习武强身,有事则团结自保。但习武是为了强身健体,抵御外侮,决不可逞强滋事,欺弱凌少。

至李存霄时,武术套路发展到二十多种,李存霄当地名人,功夫超群,在东北曾经救过一位老人,此老为窦尔敦徒弟。后来此老教授祖上武功,回到河西,经过演练,而成"小五手"。他学识渊博,潜心钻研,将各种拳术套路融会贯通,删繁就简,创新出连五掌、撑

九五拳法对打

手等套路。

　　李振福是李家第十七世传人，生于1904年，卒于1970年。他出身于民间拳师之家，还是五、六岁的时候，就跟着他五叔李丕勋练拳术。家叔对他要求极严，练弓步，蹲马步，学冲拳，走套路，振福勤奋好学，聪敏机智，无论炎热三伏，还是三九严冬，天天早起晚睡，从不间断，十年之后，祖传的太祖长拳、少林刀和少林棍已炉火纯青、把太祖长拳烂熟于心十分精通了，五叔经常与提起李家苓芝村有位叫李玉洪的拳师切磋武功，此人武艺高超，性格内向，一生只收两个徒弟，他的绝活就是精通六合拳燕青靠。据说这套武术是宋代梁山一百单八好汉人人精通武功，身怀绝技。好汉燕青综合梁山一百单八将的实战惯用绝技，创编了此套拳法。五叔看振福是个习武的好后生，就通过友人引荐拜李玉洪为师，白天要下地劳动，晚上去老师家习武，五千多个夜晚，不管晴天雨天，下大雪，刮大风，他风雨不误。在老师的指导下，他得其真传，学到了六合拳燕青靠的全部拳法。振福出师以后，无论走到哪里都往不了结识无数家的朋友，共同切磋武艺。当他听说青岛有家武术馆，那里的馆长武艺超群，就打听着找到那里，想拜那位馆长为师，以进一步提高自己的武术水平。当他们在青岛见面后，馆长闻之振福是高密乡下的一名拳术爱好者，就显得有些傲气，看不大起他。就在他们交谈的时候，馆长突然向振福的手腕抓来，振福随即一招即挡开了，几乎同时，馆长的另一只手向振福的另一只手抓来，振福又是随即一招，不仅挡住了馆长的手臂，而且直奔对方的前胸，馆长想还招已来不及了，振福的招和打几乎是同时完成的，出手隐蔽，动作极快。但是振福的拳刚刚触及馆长的衣服就停住了，此时馆长的脸上有些尴尬。当振福说起想拜馆长为师，学习武艺时，馆长连连摆手说不敢当，你的武艺决不低于我，还是做朋友吧。于是他们成了很好的朋友。后来馆长对振福说，他那天使用的是名叫"小缠手"的打法，在青岛习武二十余年，他的"小缠手"从未失过手，那天被振福随手之间就化解了。1935年曹梦九调任高密县长，他十分重视发展传统武术活动，慕名将李振福聘到高密国术馆任馆长。他在任国术馆长期间，先后培养出优秀的拳术好手300余名，他始终摆着"健康救人"的师训，即传授武艺，有讲究武德，对于弘扬传统武术、发展高密武术运动，起到了重要的作用。1937年春，山东省在济南举行全省中华武术比武大会，韩复榘来电。邀请曹梦九到济南参观武术比赛。曹梦九要李振福参加，恰逢李振福身体生病，又无法拒绝，勉强参入比武大赛。李振福就去武术比赛处报名，第一道关：门口不让进，必须从五米院墙翻身而入。李振福来了个蜻蜓点水，一跃而过，这第一道关是闯过了。通过了第一道关，拿着一道令牌，紧接着闯第二道报名关：众位武士一列两旁，中间是一道10米高10米长的铁丝，就叫你爬上去通过铁丝，检验轻功。李馆长迈着轻盈的步子顺利通过了第二道报名关，拿到了第二道报名令牌。到了第三道大门，门口摆满了鸡蛋大的鹅卵石，要求用手把它切成碎片或粉末。这一关又通过了，这才领到了比武许可证。李振福此时的身体虽然仍有虚弱，但凭仗他超群的武艺，屡屡战胜对手。他手中的那杆长枪，打招合一，攻防兼备，点刺劈扫，神出鬼没，充分展示了振福武术的扎实的基本功和他那精炼的拳术的魅力，不断博得观众的高声喝彩。每一场下来，只见对手的身上红点斑斑，而振福身上得白衣白裤却洁净无瑕，被行家一致看好是进入最后决胜的武术高手之一。振福一路过关斩将，杀入了前二十名，后终因生病多日体力不支退出比赛，比赛结束后有几个高手到病房看望慰问李振福，他们为李振福超群的武艺、醇厚的人品和高尚的武德所折服，赢得了山东武术界的尊重。归来后，县长曹梦九奖励他100块大洋。并说"我为你算过一卦，九五，飞龙在天，利见大人,说明你有鼎盛之象，以后定会脱颖而出，鹤立鸡群"，遂为他改字九五。从此人们淡忘了河西李振福，到处都称李九五，九五拳由此而得名。

　　新中国成立后，关闭了高密国术馆，振福回家进入了习武健身，授徒传艺的辉煌时期。1953年他自设拳房，开始收徒传艺，至1956年，收徒已有百余人，其中有本村子弟，也有外村青年。1959年，他担任河西大队的体育干部，响应党的号召，办起了河西大队农民夜校，自任语文，数学珠算教师和武术指导，每天夜里早起晚归，兢兢业业，先后有200多名青年参加了学习，这些学生以后大多成了村里的领导干部以及财会，生产和武术活动的骨干。振福无论是授徒传艺还是办夜校，从不收费，也不要大队记工分，完全是尽义务。其间，他和徒弟们参加过昌潍地区民兵军事表演大会，在会上专门表演了传统的武术项目；多次参加过高密县组织的武术表演和交流活动。1960年，他被选为体育先进个人代表，出席昌潍地区文教群英会。

九五拳主要分布于高密市区周边乡镇及青岛、潍坊等地，如夏庄镇、姜庄镇、姚哥庄镇、河崖、大栏、张鲁等地。它是夏庄镇河西村李振福通过先祖的积累，然后集小五手、连五掌、燕青靠、陆合双刀、太祖长拳、少林五虎群羊棍、岳武穆陆合大枪、武当剑、春秋大刀、铁环鞭、十二擒拿、十二点穴等武术精华提炼自成的一套拳种。

二、拳法与套路

在内容结构方面，九五拳不同于一般意义的长拳，也区别于其他传统的内家拳。它讲究内外兼修、练气、运气、养气。讲究阴、阳、起、落、动、静相合；心、意、力、气、精、身相合；手、足、肘、膝、肩、胯相合。"内三合，外三合"运用自如，方能发于脚、撑于腿、冲于胯、拧于腰、达于肩、开于手之六合劲至。讲究明三节、齐四梢、闭五行、六合合，要求心到意到，意到气到，气到力到，心、意、气浑然一体。九五拳主要手型有：拳、掌、勾、指、捏。主要拳法有：劈、砸、掼、冲、栽。主要步型有：弓、马、虚、扑、歇。主要步法有：蹲、蹦、跳、跃、走。主要腿法有：弹、踢、勾、踹、旋。讲究手足互动、上下相随、内外五行合一、形神合一。以意领气、以气催力、拳出气随、手脚齐至、不先不后、不贪不欠。其肢体位置、动作幅度、快慢、发力及方向恰到好处，没有过与不及。在打法上则要求：鼻尖、手尖、脚尖、三尖相照。眼观六路：东、西、南、北、上、下。拳打八方：四正、四隅。进打中。退打肢，立身中正，攻守相依。对方不动我不动，对方若动我先动。其招数无定式、势无常形、机灵、动捷、有触即应。

高密九五拳主要拳种有小五手、连五掌、燕青靠、陆合双刀、太祖长拳、少林五虎群羊棍、岳武穆陆合大枪、武当剑、春秋大刀、铁环鞭、十二擒拿、十二点穴等。其中小五手秘宗拳东北流派是徒手对抗的初级开手技法之一。小五手动作简练，易学实用。内含：冲、撑、砸、崩、架、砍、锁口、肘击和弹踢等多种手腿技法。动作大开大合，劲刚势烈，步法腾挪迅速，抬高迈大，讲究功架，要求龙形虎步，抬脚给手具见功夫。六合拳是我国古老的传统武术拳系中的优秀套路之一。所谓六合，是指心与意合，意与气合，气与力合，是为内三合；手与足合，肘与膝合，肩与胯合，是为外三合，内外相合谓之陆合。充分融入了中国古代哲学思想(阴阳平衡、刚柔相继、天人合一等)，套路与套路之间，不是孤立存在的，而是相互之间有所照应。

传承人李万哲与徒弟对练

　　高密九五拳以招招制敌著称，没有虚花架势，攻击性极强。动作和套路讲究动静结合、阴阳平衡、刚柔相继。手法运用变化多端，可以自如地完成防守和进攻动作。出手方面表现为翻云覆雨，快捷有力，不招不架，招即是打，打即是招。其基本手法有劈、崩、钻、炮、缠、抓、扭、扣、托、摇、封、拿、穿等，随彼之招自意用之。"手是两扇门，全凭腿打人。手打三分，腿打七分，远脚、近膝、贴身胯打"。

　　高密九五拳腿法用法多变，阴阳变化自然。讲究腰腿功，脚下厚实，功架

端正，发力充足。此外，眼神和腿法的配合，独具风格：眼神集中一点，兼顾八方，眼助身法，眼助气力。腿法要求劲足力满，干净利落。

善于用肘也是九五拳的一大特点。其肘的用法变化多端。有反肘、顺肘、横肘、直肘、斜肘、顿肘、冲肘、顶肘等。拳膝的用法也多种多样。有左撇膝、右撇膝、跪膝、顶膝、缩膝、迎膝等，膝打提顶跪，提膝是上提，顶膝有里顶外顶，跪膝有里跪外跪。

传承人李振亮演示九五拳棍法法

其拳术套路分：1.小五手；2.连五掌；3.埋伏拳；4.擒拿术；5.神形掌；6.太乙腿法；7.六路弹腿。

其器械主要包括：1.棍术：五虎群羊棍、盘龙棍。行者棒，柳条子。三节棍。2.枪术：陆合大枪。陆合枪、小式陆合枪。小花抢。五虎断门枪。双头枪。3.刀术：陆合单刀、陆合双刀、春秋刀。双手带，双匕首。4.剑术：陆合剑、武当剑、游龙剑，青萍剑。5.其他：拦马双撅、九节鞭、陆合双钩等。器械套路非常丰富，功法独特。

三、传承价值

高密九五拳是我国古老的传统武术拳系中的优秀套路之一，拳法讲究阴、阳、起、落、动、静相合；心、意、力、气、精、神相合；手、足、肘、膝、肩、胯相合。"内三合,外三合"运用自如，方能发于脚、撑于腿、冲于胯、拧于腰、达于肩、开于手之六合劲至，非常符合中国古代的"天人合一"思想，风格特点非常突出。同时也表现出不同于其它武术种类的独特价值：

传承人李振亮演示九五拳刀法

  首先是历史文化价值。高密九五拳的武术套路在精神方面体现了"道"的意义。它在修炼过程讲究"身心俱炼"，运动技术主要以内外的整体和谐为特点。其武术套路内倾性特点的形成，主要也是受中国传统的"天人合一"哲学思想和中医学理论的影响。在实用价值方面，九五拳中的燕青靠、太祖长拳它以刚猛遒劲、柔中带刚、朴实无华的风格，套路紧密连贯、由繁到简、内容充实、招法多变、利于实战。另外常习九五拳，可以导引内气舒筋活络，气通周身经络，强身健体。如调节微细血管、强健内脏，按摩内脏,增加肺活量，强化胃功能，提高肝脏排压力，促进血液循环等。在观赏价值方面，九五拳集燕青靠、太祖长拳的精华自成一派。其动作和套路的编排既有搏击性的刚勇，又有鲜明的节奏感和韵律感，加之单人练、双人练、多人练等多种形式，使武术表演一向为群众所喜爱，这其中除了它的阳刚之气激励人以奋发向上外，还给人以美的艺术享受。动如游龙，定如卧虎，迅如狡兔，灵如猿猴，轻似云鹤，静如伏龟，动静结合，攻守兼备，给人以美感，极具观赏价值。

但从总体上来看，近几年来由于几位老武术家的相继去世，九五拳的发展也到了低谷，处于一种教者与学者了了无几的境地，燕青靠、太祖长拳的爱好者们经常习练的也仅有支离破碎的二三块拳种并且多数是上手拳，腿功训练的动作的也很少了。特别是陆合大枪和陆合双刀更是频临失传的危险。失去了"陆合"二字的真正的意义，由于历史的原因，传授老师又比较多，传播途径不一样，而导致了同样的一块拳出现了动作不一致，不标准等现象，根据先师们传下的拳谱看，燕青靠、太祖长拳共有一百单八式，现在能会的也仅有十几式。如果不及时抢救挖掘，将面临着套路可能越来越少，甚至失传的危险。

　　鉴于高密九五拳招式逐渐减少，习武人员迅速下降的濒危状态，准备加大对高密九五拳的保护力度。1.对"九五拳"加大管理的基础上，对练习九五拳的继承人进行逐一登记造册，建立档案，保存活动资料。2.对拳术和器械进行充实和更新。并利用录像、拍照片等活态影像，收集相关资料。3.成立武术队，建立基地培养后生力量，确实让九五拳后继有人。4.在汇集、研究的基础上，建立一个挖掘、交流、展示和传承于一体的保护机构打造文化品牌，编辑出版《九五拳》书籍，以恢复九五拳这一地方拳种的勃勃生机。

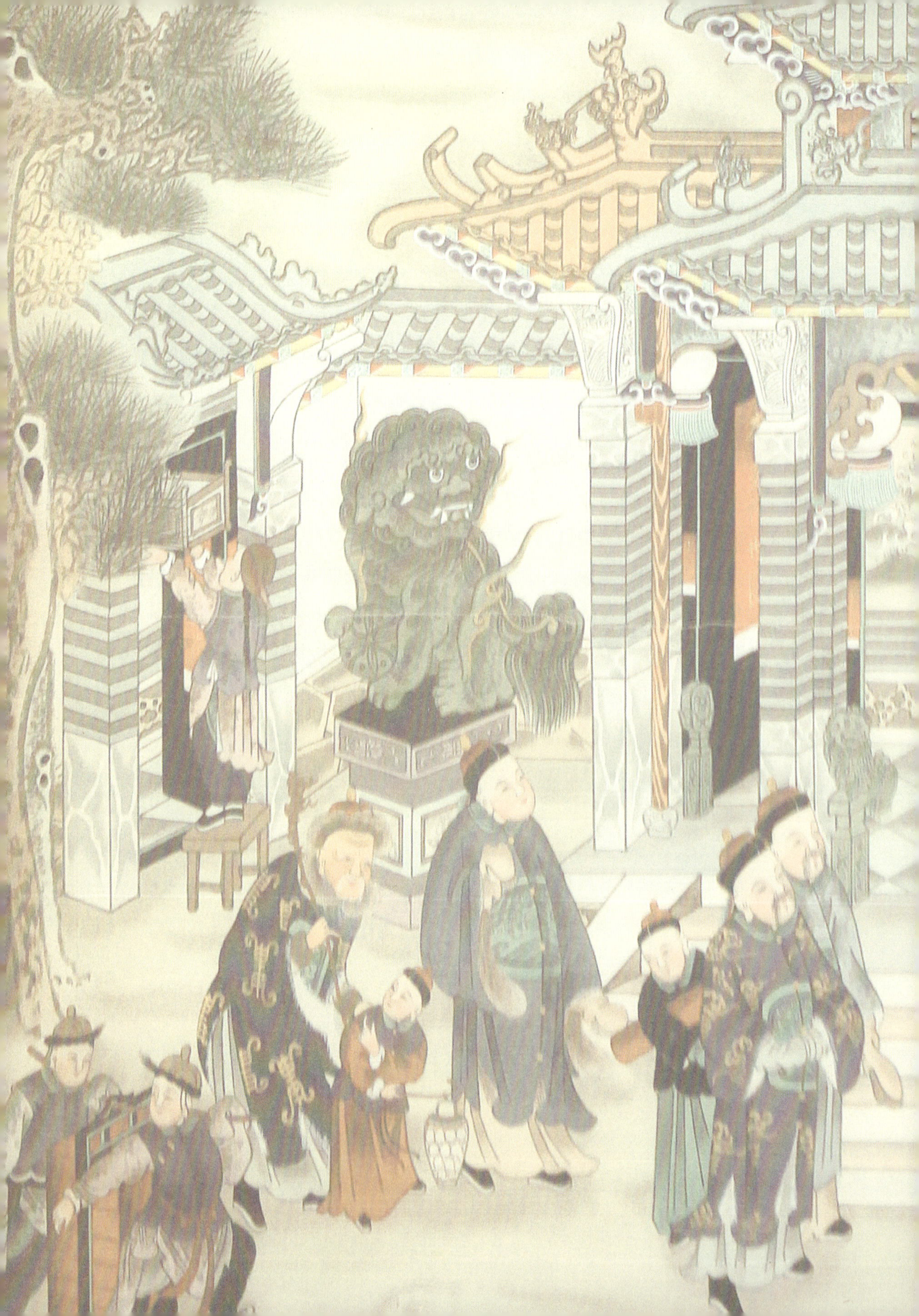

第五章 传统美术

中国一绝——高密扑灰年画

　　高密扑灰年画是世界上独特的画种,被誉为"中国一绝",经过几百年的发展,形成了独特的艺术感染力和粗犷、豪放、率真、大器的美学特征感受,反映了民间巨大的创造力、审美观和对未来生活的向往追求,是我国独有的年画画种,仅存于山东高密一地。1984年,应邀晋京在首都博物馆展出,引起民艺界的震动。1987年,中央电视台到高密现场采访制作成专题片向海内外播放。2006年5月,被列入首批国家非物质文化遗产保护名录。

一、概述

　　在高密,以借鉴文人画风花雪月、神话故事之类题材为雏形,以庙宇壁画、家堂、族影为服务对象,以墨色为主、泼写兼容为基础画风的扑灰年画扑灰年画相传产生于元末明初,代代相传,绵延不绝。

　　高密扑灰年画全国独此一家,具有自己独特的工艺制作流程和独特的艺术特点。尽管如此,它仍然属于我国民间年画群中的一个画种。在扑灰年画产生以前,高密早期的年画生产大多是由一些舞文弄墨的穷文人手绘而成,他们为迎合民间需求,用工笔或者半工半写绘制一些喜庆题材的年画,销售于市,或应求画一些庙宇壁画,聊补生活之不足,其效率是极低的。而当时宫廷文人画家的作品只供达官贵人欣赏,极难传到民间,何况价格不菲。因此,作为社会发展主要生产力的劳动人民大多得不到上流社会的那种消闲需求,在画坛上也没有一席之地。这种情况下,有着一定技艺的劳动者由于谋生本能的驱使和追求美的冲动,当他们敏锐地觉察到文人画受宠却又到不了农民之手的客观现实后,便禁不住跃跃欲试,一些能工巧匠便大显身手。他们认为,大雅之堂没有我们的地位,我们要占领广大农村这块天地;在绘画条件、工具上不能与文人画相匹敌,我们要在顺应自然生活和原生态上一争高下;在绘画手段上不能精雕细琢,我们要在风格效率上拼功夫。于是,在高密,以借鉴文人画风花雪月、神话故事之类题材为雏形,以庙宇壁画、家堂、族影为服务对象,以墨色为主、泼写兼容为基础画风的扑灰年画便诞生了,并较快地占领了农村市场,

民间艺人从中得到了一定的实惠，绘制扑灰年画的人自然多了起来，一代一代传下来，绵延不绝。

吕蓁立绘制的扑灰年画《家堂》局部（伊红梅供图）

早期的扑灰年画大多以神像、墨屏花卉为主，但销量很少。到明代中期，墨屏花卉开始销量看好。明末清初，战争不断，人口稀少，迫需农民耕种渔猎，休养生息。扑灰年画艺人顺应时势，创作了大量诸如"麒麟送子"、"榴开百子"、"喜报三元"、"渔樵耕读"、"八仙过海"等反映民心体现民意的作品，祈盼人丁兴旺、安居乐业，逐渐深入人们生活。清朝康熙年间，经过"三藩之乱"，意欲长治久安，康熙皇帝颁布了《教民榜》，要人们"孝顺父母、尊敬长上、和睦邻里、教训子孙、各安生理、毋作非为"，扑灰年画随即出现了一批反映当时具有社会道德教化的作品，像《二十四孝》、《三娘教子》等。清乾隆到咸丰年间（1786－1860），是扑灰年画发展的兴盛期。乾隆十五年，公婆庙一户王姓人家的子孙已经靠画扑灰年画成了气候，不仅全家人画，还收了本村张姓人家五个兄弟为徒，后因生活所迫，张氏兄弟便画墨屏花卉于街市变卖，以聊补农田歉收的不足。这样做的结果大大加强了扑灰年画的商品性质，扩大了行销范围及其在人们心中的影响，从而促进了扑灰年画的兴起和传播。到乾隆末期，高密李家庄的胡玉显、赵家圈的赵大伦、杜家官庄的杜万等，慕名投奔公婆庙张氏拜师学艺，艺满归里，各自办起作坊，收徒传艺，以比师父更大的气派开起了画店。

高密扑灰年画国家级代表性传承人吕蓁立之女吕虹霞作品《母子夺魁》（伊红梅供图）

山东高密

高密扑灰年画之《桃献千年寿》清代 中国美术馆收藏（伊红梅供图）

第五章 传统美术

胡、赵、杜三家年画作坊开业,很快引来外地画商争相贩运。这一技艺相继传到李家村、棉花屯、城子、甄家屯等临近村庄的艺人手中,使扑灰年画迅速发展起来。到清代中期,扑灰年画已销售到徐州、临沂、烟台、杨柳青以及内蒙、东北三省等地。不仅使扑灰年画完全进入商品流通渠道,也在全国产生了影响。而且,从客观上刺激了扑灰年画的发展。秋冬两季,外地"画子客"(画贩子)争相贩运,当时的"栈庄"(专门进行年画买卖的市场)盛极一时。"生意兴隆通四海,财源茂盛达三江"是大多数"栈庄"画商在冬至月十二日开庄迎客时大门上贴的对联。有民谣称:"村村开店迎贵客,户户作坊日夜忙,汉子端灯挥彩笔,老婆孩子拦路旁。"整个栈庄,一派欢腾景象,饭店、酒肆、客栈、赌博场、卖火烧的、打炉包的,昼夜灯火通明。民间年画业的兴旺发达,在当时的高密东北乡形成了两个季节性的大型卖画市场。在夏庄徐家巷子北,街道两旁,在公婆庙街中,各有三十余家画商设门头,悬灯结彩贴对联,过年一样,庆贺开庄,商谈买卖。贩画的商旅车马年底才络绎走完。来自崂山、莱阳、临沂以及东北、内蒙等地的画商每到冬季就云集高密,批量购画,运回故里,画贩子们按照各自当地贴年画的习俗选购年画,雇挑夫,找驴驮,到各地赶集销售,直到腊月初八,宣告冬庄收场。到次年农历三月十六,高密画商们移至胶县北关凤凰桥开设"春庄",供远途画贩子购画,这些人长年雇工去东三省、内蒙、河北、徐州等地,肩挑、背驮串乡销售。"春庄"到芒种才收场。因此,常年做雇工卖画的人自编了一首"离苦谣":"卖画人真

吕蓁立绘制的扑灰年画戏曲人物《三娘教子》(伊红梅供图)

可怜，到胶县把画办。初春草发离家走，内蒙东北山沟转。寒风就着狼虎食，累断两腿压破肩。牛郎织女七夕会，十冬腊月俺团圆。"这种"栈庄"的形式自清嘉庆初年一直延续到20世纪40年代末期，促进了扑灰年画的交易，带动了地方经济。前几年，在胡玉显后人的家里生长着一棵能返老还童的"文官果树"，据传是外地画商送给胡玉显的，已有二百多年的历史，成为胡家引以自豪的祖传宝树，也成为胡记扑灰年画发展史上的最好印证。

画店的开张，年画市场的开拓，也促进了年画题材的拓展。经胡、赵、杜及其徒弟们的共同努力，扑灰年画由单纯的花卉墨屏向反映现实生活的人物画方面迈进，同时，兼容吸收了神话故事、戏曲人物、民间传说，一切为劳动人民的追求、向往、喜爱和憎恶为创作基础，借作品为生活在底层的劳动人民抒怀寄情，传达心声。当然，在具体创作中，这些民间画师也是各有特长，各有侧重，各有

高密扑灰年画老样子之戏曲人物《周瑜打黄盖》

拿手的"好活"。胡玉显擅画《八仙屏》《天女散花》《三仙姑下凡》《胖娃娃》等题材的年画，赵大伦靠画美人条（大挂子）发了财，曾经一气买下160市亩地，成了赵家圈的富户。街坊们送顺口溜"一人有才，全家福来"。杜万则以画刀马人物为长，像《三国人物》《杨家将》《岳飞》等，兼画"大挂子"《万事如意》《龙鲸献瑞》等。这一时期扑灰年画的成熟和兴盛不仅表现在画店和作坊数量的增加以及规模的扩张上，还表现在扑灰年画题材的丰富多样和年画形式的变化出新上，扑灰年画由单纯的墨屏花卉、神像，向反映现实生活的人物、山水、花鸟等多种类迈出了决定性的一步，在题材上有了根本性的转变。由于扑灰年画题材的扩展，扑灰年画的市场更加看好，影响越来越大，胶东半岛"北有潍县杨家埠，南有高密扑灰画"的生产格局已经形成。

清朝嘉庆年间，扑灰年画进入了一个新的发展时期，就是扑灰年画同高密半印半画年画并行时期。原在天津杨柳青画店刻线版的天津黄冈人胡三慕名到高密姜庄李家庄，投奔胡玉显学画扑灰年画（1810年左右）。通过互相交流，在扑灰年画的基础上，吸收杨柳青木版年画刻板效率高的长处，逐步形成了半印半画的高密年画新品种。就是用木版替代了扑灰起稿、一抹数张，刻一个版，可长期使用，印制无数，然后手绘。既提高了效率，又不失扑灰年画的韵味，还增加了金石味。再之后，又吸收了潍坊杨家埠木版年画的技法，不再手绘，全部套版，印制一些小尺幅财神、胖娃娃等畅销年画。扑灰年画同木版年画共同支撑着高密民间年画的庞大消费市场。胡三的到来，不仅引进了半印半画技术，也推动了高密木版雕刻业的发展，李家庄李学岐（李文斗的祖父）的刻版技艺深受胡三影响，他刻的《哪吒屏》线条，密如梳，细如发，疏密得当，刚中有柔，富有弹性，堪称极品。清朝末年，以夏庄北村"同顺堂"、"余庆堂"、"齐万顺"为代表的扑灰年画艺人，为了提高经济效益，在扑灰年画、半印半画的基础上，又发展了全色套印方法，即木版年画。线条挺拔简练，题材以桌围、灶马、窗旁、窗顶、门神、增福财神等为主。于是，高密民间年画就形成了扑灰年画、木版年画并驾齐驱的好局面。

到清朝道光年间，扑灰年画进入了鼎盛时期，"老抹画"与"红货"两支派系并驾齐驱，涌现出了一大批年画高手，出现了百花齐放的好局面。一支派

山东高密

高密扑灰年画老样子《千手观音》清代（伊红梅供图）

系继续以画墨屏为主，画风典雅，素淡稳重，笔墨潇洒，浑然成趣。民间艺人称为传统的"老抹画子"，也叫"灰货"。这支派系的代表人物是赵宗贵，是赵大伦之子。据传，赵宗贵是个文盲，但极聪慧，几乎是学什么会什么，擅书对联"山中淡云无墨画，林间微雨有声诗"，"书有未曾经我谈，事无不可对人言"。因此，他被乡里人传颂为不识字却善书的"赵秀才"。赵宗贵还极擅长画扑灰墨屏，如《苏武牧羊》《东方朔》《铁拐李》等三十余种故事题材的扑灰年

第五章　传统美术

085

画，经他的手绘制出来的扑灰墨屏，很受当地乡民和外地画商的欢迎。

扑灰年画的另一派系则大胆借鉴杨柳青木版年画和潍县杨家埠年画对色彩的运用，积极向大红大绿靠拢，坚持以色代墨，追求画面色彩的艳丽红火，给人一种对比强烈的感觉。这个派系的画法得到农村大多数人的喜爱，在扑灰年画的发展中占据了主导地位，被称为"红货"。这个派系的代表人物是胡祥麟，是大名鼎鼎的胡玉显之子。据说，他具有大手笔的风范，在扑灰年画和半印半画的创作上都属高手。胡祥麟绘制了五十多种画样，他的代表作有《田玉川》《路遥知马力》《白蛇传》《三下南唐》等。由于他的作品以大红大绿为主，色彩对比强烈夺目，所以在销路上似乎比赵宗贵的扑灰墨屏更为抢手，名声也似乎在其之上。

高密扑灰年画老样子《张仙射狗》（清代）

其实，当时与胡祥麟、赵宗贵齐名的还有为数不少的一批后起之秀。比如公婆庙的张维先，和赵宗贵一样不识字，但爱听京剧和地方戏，能画大挂子

戏曲人物画，像《孔明招亲》《黄鹤楼》《李靖王》《三娘教子》（此画已被中国民间美术博物馆收藏）等四十余种戏曲人物画，被称为当地的民间绘画圣手。他一生带徒数十人，徒弟们都有建树。相传，后来在当地很有名气的张永敬、张道龄父子都是他的徒弟。在这些后起之秀中，姜庄甄家屯的李洪喜被称为村里的画师之祖，他画的《历代帝王图》后被中国民间美术博物馆收藏。棉花屯有个石玉山擅画大挂子条幅，像《玩鸟图》《杂技艺人》等反映现实生活的题材，成为开拓现实题材的典范。蛮子官庄有个曹森，以创作画样为业，驰名乡里。当地人常拿长得丑的人开玩笑，"看你长得那摸样，气煞曹森，难煞胡祥麟。"由此可见曹森的名气。同村的王西基擅画美人条大挂子，其徒孙王云龙曾献给高密文化馆一幅《麒麟送子图》，说是其师傅王学廷所作，其师傅的画和其师爷的画放在一起，难分真假，连他们自己也很难辨认。此外，还有十几个人在扑灰年画和半印半画的发展史上也是很有名气的，不一一赘述。他们这一批民间艺人，不仅在扑灰年画的题材、销售、发展上做出了贡献，还在绘画的原材料和工具上不断加以改进，推动了扑灰年画的发展。据说，万家庄有个马福来，是与胡相林同时期的年画艺人，他就创造了一种"鸳鸯笔"，一笔下去，可以同时出现两条粗细并行的线，大大增加了变化，强化了扑灰年画的装饰效果。民间艺人的聪慧睿智可见一斑。

清末民初，虽然姜庄镇的半印半画年画已经在市场上占主导地位，但是扑灰年画自身的艺术魅力没有削减。此时公婆庙却因为在题材内容与工艺方面的因循守旧，在市场上难以与姜庄一带的扑灰年画抗衡，开始出现了市场萎缩的困境。姜庄镇棉花屯、李家庄、北高家庄、范家庄等村庄的许多后起之秀纷纷被聘请去传艺。饮水思源，这些和公婆庙长期血肉相连的画师们义不容辞地担当起这份重任，将姜庄镇世代积攒的画艺悉心传授与公婆庙。棉花屯唐金锡的爷爷和叔叔这一辈好多高手的绝技，至今尚在公婆庙流传，这种情形一直持续到解放后，石家的石景正（石景文的弟弟）还到公婆庙带过徒弟。正是重获新鲜血液的滋养，带来了公婆庙扑灰年画一度的中兴。

综上所述，扑灰年画的历史可以大体分为三个发展阶段，每个阶段都是一个继承、创新与发展的过程。

高密扑灰年画老样子之《四爱》局部

1.扑灰年画的产生是继承传统文人画的产物

众所周知,自元代开始,中国画坛大都被文人画所主宰,但文人情趣只能满足一些达官贵人、上流社会的消闲需求,作为社会发展主要力量的劳动人民大多得不到这种精神享受,在画坛上也没有一席之地。在这种情况下,有着一定技艺的民间画工受谋生本能的驱使,加之自身主体审美意识的凸显,他们敏锐地觉察到,在大雅之堂没有他们的地位,可在劳苦大众中争一席之地;在绘画工具、条件上不能与文人画相匹敌,可在审美感觉上顺应自然的实用性上

一显身手；在绘画手法上不能精雕细琢数月磨一画（族影除外），可在美感、风格、效率上拼功夫。于是，以传统文人画风花雪月、神话故事之类题材为雏形，以庙宇壁画、家堂族影为最初服务对象，以墨色为主、泼写兼合为基础画风的扑灰年画便产生了，并迅速占领了农村阵地。艺人们由此而打开了一扇谋生与施展才艺之门，也为扑灰年画的发展开辟了道路。

2. 扑灰年画的兴盛是顺应时势的结果

高密扑灰年画老样子之《姑嫂闲话》（民国）　　高密扑灰年画老样子之《踢毽子》（民国）

基于民间文人画与庙宇壁画派生出的扑灰年画，到明代便在民间广泛流传开来。民间艺人开始真正体验到自己技艺产生的美与物质效应。是他们创造了生活美、社会美，也创造了艺术美，自己更得到了精神上的满足。可以说，这是一种能力的发挥，一种创造。"创造是对自身能力的超越。人每发现和创造出一件新的产品，自身的能力也随之增长一分，他的感情、思维和感觉也都丰富一分"，因此，"手段变成了目的，过程以及与过程伴随的生命运动变成了快乐"（滕守尧《审美心理描述》）。扑灰年画正是顺应劳动者之生活意蕴，理想追求，利用最实际的、巧妙的、体现才气的绘画手段（扑灰起稿、手绘画面、一稿多幅等），创造、发展了扑灰年画，受到广大劳动者的欢迎。"从现象上看，美的事物给人以特定的审美感受，它能引起人们一种特定的情感反应"（王朝闻：《美学概论》）。逢年过节，被人们戏称为"抹画子"的扑灰年画，由于充分表达了人们心目中所追求向往的理想生活而贴到了千家万户的炕头。一个个作为年画交易场所的"栈庄"也应运而生，扑灰年画由此销往东北、江南等地。从本质上讲，以马克思"社会存在决定人们意识"的唯物史观，扑灰年画的兴盛也从一个侧面反映了"新事物对旧事物的否定，不是凭空出现的，而是在旧事物渐进发展的基础上逐渐酝酿的"（《马克思主义哲学概论》）。文人画难进寻常百姓家，扑灰年画却在民间行销入市，除了经济价值这个原因外，更重要的就是扑灰年画由于传统文化的含茹蕴积，又汲取了写意国画的营养，经过逐步发展，才形成了独特的民间艺术风格。当然，扑灰年画成本低廉、绘制简便、效果明显等，在当时也都为其迅速发展提供了有利条件。

3.扑灰年画奠定了高密半印半画画种的问世基础，同时也拉开了其自身萧条的序幕

扑灰年画经过它的鼎盛期之后，随着人们对生活、艺术新的需求，以及艺人们不断发展的创作心态，便开始了它的衰落与萧条。但是，它的内涵，生命力依然旺盛。明末清初在高密出现的半印半画年画正是由它发展起来的。其积极、进步的主观因素是在制作手段上更趋于先进。它一改扑灰年画扑灰起稿、手绘画面的传统手段，采用了木版印制线稿手绘的新方法，从速度上、效率上都提高了一大步，在民间更具有了实用性。从画风上看，依然脱离不了扑灰年画的特有风格，不管是题材，还是色彩效果及其粗狂质朴气息，都与扑灰年画一脉相承。半印半画正是在顺应群众审美需求的基础上，保持传统画风，在成

本、速度、制作、效果上进行改革发展，才迅速在民间占有了大量的年画阵地。

由于众所周知的原因——石印术在中国年画印刷中的应用与推广，使高密的扑灰年画也与全国其他地域的民间年画一样经历了挑战和萧条的时期。

1936年，隆顺永画店又从天津购进一火车皮石印年画，当时整个姜庄、夏庄的裱糊匠白天黑夜地忙乎着装裱这种年画。解放前在青岛也出现了这种石印机器，姜庄的高明山（高支荣的父亲）带去一些扑灰年画老画样大量印刷过，甄家屯的王锡山曾亲眼见过这种机器，他说一个大滚子不停地转着，印刷速度很快，吕蓁立说这种机器上个世纪60年代他也曾经见过，直至80年代初在城子村还有。这种年画价格低廉，像一股飓风冲击了包括扑灰年画在内的整个高密年画市场。

二、扑灰年画的继承发展

高密，有着丰厚的历史文化遗产和具有较高艺术价值的民间艺术，有着深厚的群众文化基础。为了使这些乡土瑰宝重放光彩，高密的各级党政部门和宣传文化战线上的有识之士，三十年多来做了大量的抢救、挖掘、整理、宣传、继承、发展工作，使高密民间艺术饮誉海内外，出现了繁荣兴旺的好局面。

抢救、挖掘：十年浩劫，使高密的民间艺术也同全国其他地方一样遭受了严重的破坏，一些民艺珍品几近绝迹。扑灰年画没人敢画了，聂家庄泥塑没人敢捏了，只有民间剪纸在过年时才能在庄户人的窗户上和门楣上出现。高密文化馆美术干部焦岩峰深深被这些民间艺术品的艺术魅力所折服，他以一种强烈的责任感和对艺术发展继承的敏锐性，从被当做"四旧"、迷信品被焚烧的火堆中抢出了不少年画、剪纸作品，毅然冒着风险到民间收集，开始走上抢救挖掘之路。小有成果后，得到了上级同行和专家的认可，并得到了馆领导的支持。从1977年起，高密文化馆在县委、县政府的支持下，由焦岩峰先生负责组织人员，对扑灰年画、剪纸、聂家庄泥塑进行了抢救，通过调查历史，访问老艺人，挖掘出了近百个濒临绝迹的民间艺术品种，在文化馆办起了一个小型展览，把一些老艺人也请到了文化馆。这一行动不仅解除了艺人们的思想顾虑，还为迅速恢复高密民间艺术起到了很大的推动作用。这个展览引来了省内不少

中国民间文艺之乡

092

中国扑灰年画之乡　山东高密

高密扑灰年画省级代表性传承人王树花扑灰年画作品《和合二仙》

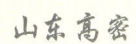

文化馆的同志参观学习，还引起了一些地、县文化部门对民间艺术的关心和重视。1980年，高密成立了抢救民间艺术专门小组，扩大了抢救范围，进行了更为深入广泛的挖掘。经过整理，部分作品参加了山东省民间美术展览，引起了省内外的重视，受到了广泛的关注。1983年春，中共高密县委做出决定，成立"抢救挖掘高密民间艺术领导小组"，组成专门人员，拨出专款，对高密全县乃至周边县市乡镇进行深入细致的挖掘整理。由各文化站和专门人员组成上百人的征集队伍，对五个县上千个村庄进行了刮篦子似的收集，从庄户人家的墙上、柜中、家藏中征集购买到各类民间艺术品三千余件，其中大多是传统珍品，寻访老艺人近百名。之后，又在文化馆办了六期民间艺术学习班，组织艺人们集中制作年画、泥塑、剪纸作品十万余件。在此基础上，整理精选出30个品类、1200件民艺精品，1984年应邀晋京在首都博物馆展出，第一次集中地向国内外展示了高密的民间艺术风采，使乡土艺术登上了大雅之堂，不仅震动了中国民俗民艺界，也引起了各大宣传媒体的关注。《美术》杂志、《民间工艺》等专业刊物都作了专题介绍，35家新闻单位予以报道，北京的一些民间艺术专家纷纷发表文章或在座谈会上呼吁，"学习高密，大家都来抢救民间艺术"。中央有关部门的领导认为，"高密在挖掘抢救工作方面做了三件好事，就是挖掘品种，发现艺人，培养新手"、"不但显示了本身的工作，还起了带头作用"。中国民艺专家、中国美术馆研究员李寸松在一篇专门介绍高密民间艺术的文章中发表了这样的感慨："如果全国两千多个县都能像高密县那样重视民间美术，都来一番挖掘、收集，那将会聚集一笔无法估量的民族民间艺术财富！它将对全国尤其是年轻一代进行爱国主义教育中，发挥巨大的作用；它将以民族的审美语言，提高人们的艺术修养；它将在国际文化交流中为国争光。"

继承、发展：1984年，高密民间艺术展览晋京展出获得意想不到的成功之后，中共高密县委、高密县政府及时巧借东风、总结经验、确立思路，提出了"既要联系实际，量力而行，因地制宜；又要发扬光大，搞出成果，走向世界"的指导思想，在政策上、资金上予以积极地支持，排除了极左思想的干扰，鼓励了在民间艺术的继承发展中做出贡献的同志。很快在高密文化馆建起

2007年6月，在高密举办为期5天的中国（山东高密）扑灰年画研讨会现场

了综合性的民间艺术展厅、面积达180平方米，内设扑灰年画、泥塑、剪纸、民俗、年俗、婚俗、农舍、风筝、民绣、土陶、布玩具等近二十个门类，展出传统精品一千二百余件。同时，努力使该展览成为集中反映高密民间艺术的展览馆，向国外来宾展示中华民族文化的珍宝馆，向青年一代进行历史传统教育的学习馆。吸引了二十多个国家、地区的来宾和国内上万人次的参观者，其中以美术院校为多。不仅宣扬了高密的传统文化，提高了高密知名度，也促进了民间艺术理论的研究。高密还组织专门人员通过调查研究、就高密民间艺术的产生、演变和历史渊源、艺术价值等写出了二十余篇论文，参加了多次山东省、潍坊市组织的专题理论研讨会，有7篇论文被收入3个论文集出版，数十篇文章在《人民日报》《大众日报》及一些国外报刊上发表。1994年，中国工艺美术学会民间工艺专业委员会第十一届年会在高密召开时，与会专家参观了民间艺

术创作基地和专题民俗民艺展览，听取了高密继承发展民间艺术的汇报后，格外高兴。中国工艺美术学会民间工艺专业委员会主任委员、中央工艺美术学院院长张仃先生及与会的国内外专家高兴地说，他们当时的希望如今变成了现实，认为高密民间艺术在继承与发展方面又上了一个大台阶。

弘扬、光大：随着市场经济体制的运行和改革开放不断深入，1994年之后，中共高密市委、高密市人民政府在认识上和实际工作中越来越自觉地把继承、发展、弘扬优秀民族文化遗产作为振兴文化事业服务经济的重要途径，积极推动民间艺术由复活走向繁荣，由作品走向商品，由国内走向世界。采取了一系列有效措施，使高密民间艺术不断发扬光大。

首先，积极扶持、保护民间艺人，鼓励创作、生产好作品。在思想上正确引导、帮助艺人们划清民间艺术与封建迷信的界限，逐步从陈旧的创作观念和

2007年中国扑灰年画之乡验收恳谈会现场

2008年在首届中国（高密）民间文化艺术节上举行的中国扑灰年画之乡和中国扑灰年画保护基地授牌仪式

模式中解放出来；在内容形式上不断注入现代生活气息，寻找适应时代的契合点；在政策上积极鼓励，对民间艺人的销售收入分文不取，多方面为其牵线搭桥，组织外出展销，提供服务。上世纪80年代，姜庄镇甄家屯村王锡山、王树花祖孙俩画的四百余张扑年画销往新加坡、马来西亚，就是由市、镇有关部门牵线搭桥促成的。这些措施大大调动了扑灰年画传人的积极性，老艺人无私传授，青年人认真学习，大胆创作，成为发展高密民间艺术的生力军。2008年7月，由高密市政府扶持，文化部门在小康河苏州街建设了民间艺术文化市场，吸引了27家店铺,总营业面积4832.67平方米。主要集中在该商业区中南部分，按照经营类别大体划分为三大区域：北部为综合展示区，突出展示（销售）我市当地多个艺术种类，如扑灰年画、木版年画、剪纸、泥塑、木雕、根雕、核

雕、条编、刺绣、工艺葫芦、刻瓷、黑陶等；中部为高密扑灰年画、剪纸、泥塑为主的民间艺术专营专卖展示区；南部为古玩、字画展示交易区。这些店铺租金全由政府承担，极大地调动了民间艺术经营户的积极性。不少经营业户成为高密民间艺术创作的中坚力量，在民间艺术方面取得了很好的成就，在社会上具有较高知名度。在这个市区的黄金地段设立扑灰年画创作营销市场，具有很大的发展潜力。近年来，吸引了国内外不少的游客前来购买。

其次，拓宽渠道，扩大规模，走向市场，千方百计把扑灰年画变成出口创汇的商品。一是创造良好的外部环境，将扑灰年画打出去。高密这些年不仅通过宣传吸引外宾到高密参观购买扑灰年画，还多次组织展品国内外展出销售，同时要求高密出国考察人员都要带扑灰年画馈赠或销售或定货，扩大影响，并责成有关部门向大陆人以外的高密人发信介绍家乡艺术和投资环境，吸引外资。二是有组织有计划地抓民间艺术重点乡镇分别成立了扑灰年画协会、民间工艺协会等组织，姜庄镇成立了民间工艺品开发公司，为扑灰年画的制作、生产、销售提供系列服务。在扑灰年画的龙头带动下，姜庄镇的民间工艺专业村发展到十个，专业户达三百多家，年创产值三千万元。姜庄镇扑灰年画艺人石建庭和妻子李爱玲靠画扑灰年画建起了新楼。夏庄镇采取一系列组织、服务措施后，年画、风筝、红纸（春联）等品种发展到七十多个，从业人员两千人，分布在全镇三十几个村，年创经济效益850万元。三是鼓励国营、集体、三资企业借鉴、学习民间工艺，转产上项目或生产工艺品种，拓宽销售渠道。扑灰年画的对外宣传，提高了高密的知名度，也由此吸引了一些外商到高密合资办厂。

近两年来，高密更加注重了对文化的重视程度，加大了对扑灰年画的扶持力度，出台了一系列扶持政策，开展了卓有成效的文化活动，全市文化建设出现了新的高潮。2007年12月，举行了"老扑灰年画复制作品展"。2008年4月17日，高密举行了首届民间文化艺术节暨中国剪纸艺术邀请展，中央和省市有关方面专家、领导为"中国扑灰年画之乡"和"中国扑灰年画保护基地"揭牌。该民间艺术节以弘扬民间艺术为重点，推动文化交流；以"高密民艺四宝"为重点，展示高密丰厚的文化底蕴和鲜明的艺术特色；以搭建大型文化交流和文化产业平台为重点，叫响高密文化品牌，加快文化名市建设步伐。共有扑灰年画展、中国剪纸邀请展、中小学民间工艺展、书画摄影展、茂腔电视大赛等十项活动。来自省内外的数万人参与了活动。2008年5月5日，高密市委、市政府召开了空前规模的文化建设工作会议，出台了《关于加强文化建设的意见》，提出了深入挖掘和弘扬以"三贤四宝"为代表的优秀传统文化，积极打造"三贤四宝"文化品牌的目标要求。

三、扑灰年画的独特技法

扑灰年画属于手绘年画，技法独特，"师傅领进门，修行在个人"，真正画好它没有几十年的功力是不行的。但简单掌握起来，却并不难。其精髓就是扑灰起稿，手绘画面，大致要把握住以下要领：

1.创意构思。扑灰年画属于民间写意年画，艺人们在立意构思时，首先考虑的是这个题材老百姓喜欢不喜欢，能不能卖出去。其核心就是要吉祥红火，寓意深刻，适应社会需要。当时的扑灰年画老样子题材大致可以分为以下几种：①神像类，如《财神》《家堂》；②喜庆吉祥类，如《连年有余》《龙凤呈祥》《三星图》《麒麟送子》《和合二仙》等；③神话故事、戏曲人物类，如《百寿图》《许仙游湖》《二十四孝》《燕青卖线等》；④现实题材类，如《姑嫂闲话》《踢毽子》《新婚燕尔》等。

2.扑灰起稿。扑灰年画的构图看上去简单，可细研究起来却有不少针线在里边。扑灰年画的要旨可以说是"删繁就简三秋树，领异标新二月花"。大都是平面构图，二维空间布局，人物画多无背景，除《家堂》《族影》外，群体人物不多，主要精力要放在人物的整体布局上。扑灰年画的起稿手段很有些原始味道。就是用一根烧成木炭的柳条棒在画纸上当笔用。既可毫无拘束的挥洒下笔，灰稿可一扑数张。扑，自然是拿这张灰稿附在另一张画纸上扑抹，那灰稿上的轮廓就扑抹到画纸上了，只是那轮廓是反着的，把扑好的画纸轮廓拿炭条重新描画，可以当底稿再扑，就会形成扑灰年画的对称性。

3.勾线着色。构图完成、扑灰起稿后，接着就是勾线着色。扑灰年画的线虽不像中国写意画那样水墨淋漓，但也有相似之处，即一挥而就。多种技法并用，像"鸳鸯笔""排线笔""涮笔"等技法。"鸳鸯笔"就是一笔下去，即

山东高密

高密扑灰年画老样子《连年有余》1　　　高密扑灰年画老样子《连年有余》2

出现粗细均匀的两条平行线，用在裤线、衣袖、衣领处，自然增加厚重感和装饰味，又是信手挥就，看上去还有一种飘动感。更妙的是，扑灰年画艺人还发明了一种磕花工具，就是在晒干了的咸菜上刻上花卉图案，勾完线后蘸着颜色磕在衣服上，以增加装饰味。这叫"咸菜磕花"。至于扑灰年画的着色，与其它画种相似，只是用的颜料是民间土色，也有自制的石色，现在则用国画颜料中的石色和部分品色如大红、朱红、桃红、明黄、嫩绿等。扑灰年画的主色调除墨色为主外，不外乎红、绿、黄、紫四种，只是在运用中根据画面需要互相渗透、互相融合。

4. 粉脸。这是扑灰年画特有的技法，也是最关键的一步。所谓"粉脸"就是用白粉加胶调合桃红后均匀地涂抹在人物面部，在腮部稍事桃红润染，这种

第五章　传统美术

099

技法大多用于仕女和娃娃，精细地眉眼勾画后再施以"明油"，保护画面，增加光亮和透明感。经过粉脸和涂明油之后的画面顿然增加了弹性和肉感。这种效果是其它年画画种所没有的。

5.装裱。以前的扑灰年画大都是画在普通画纸上，简单装裱，有的则不予装裱，刷边后直接销售。后来随着人们欣赏水平和生活水平的提高，民间艺人开始用熟宣纸作画，再加以精细装裱，扑灰年画的审美性自然提升。

四、扑灰年画的艺术特色

高密扑灰年画是中国民间美术的重要组成部分，是儒家文化美学思想的具体体现，是齐鲁民间文化整理于年节之际，用来迎新春、祈丰年的一种民俗艺术品，也是广大胶东半岛人民群众用来美化环境、反映社会生活、表达心理愿望的一种最为普及的艺术样式。高密扑灰年画以整张纸大小的"大挂画"最具特色，制作工序复杂，须经过粉本、扑灰、敷彩、粉脸、描金等过程，用色以桃红、翠绿、粉黄为主，兼施金色，开脸用粉加红晕染，画面的主要部分还要涂上明油，以求鲜艳夺目的效果。当地群众的顺口溜形容扑灰画为："红绿大笔抹，市场好销货；庄户墙上贴，喜庆又红火。"粗犷、朴实的扑灰年画，以满足不同的需要，逐渐形成了独特的艺术特色及区别于其它地域样式的表现规律和独有的艺术趣味。

1.尽善尽美的造型特色

扑灰年画造型特色要求"尽善尽美"，重视画面物象的圆满，从而以形式的圆满来抒发人们对理想境界的追求和向往，因而在造型上非常避讳画面事物形象的残缺，扑灰年画中人物一般都要画出全身；画人物头部或为正像，或为"三分脸"。"画中有意"是又一造型特色，通过借助于文字去完成图像所要表达的意愿，即善于通过画面的物象，甚至是毫无现实可能的物象组合而成的"文字"来表达他们所想表达的美好愿望，民间称之为"讨口采"。如年画人物形象手指蝙蝠飞舞，便是吉语"福在眼前"。扑灰年画在制作表现过程中还富有"隐喻象征"，将一种理想化的事件或现象寓于一种较为明了和显现的形象中，以使很多难用画面表现的情感得以体现，即象征手法。如：年画以牡丹隐喻富贵，以石榴隐喻多子。

2.以简代繁的构图特色

扑灰年画"主题突出"的构图特色是锁定画面主要形象之后，"浓墨重彩"的对其进行渲染，其它次要形象作为陪衬，主次分明，层次清晰，主要人物常居中，且夸张舒展，并以缩小了的周围事物为陪衬，以突出主要人物。"以简代繁"是扑灰年画重要的构成特色之一，多为二度空间平面构图（多用于"大挂子"画），二度空间的平面构图使整个画面效果简洁明了，人物较少，但表达有力，画面效果追求在简单中求变化。扑灰年画中"成双成对"的构图特色是老百姓喜欢把头脑里美好的东西连双带对的表现出来并连结在一起，就

高密扑灰年画老样子之《文财神》（清代）

像"好事成双"一样。年画中有不少这样既对称统一又呼应变化的构图形式，不但有结构上的大同，而且有形式上的小异，于细微之处见灵动，有很强的装饰性。

3.艳而不俗的色彩特色

扑灰年画具有"艳而不俗"的色彩特色，许多年画的画面颜色虽然很鲜艳，但不能很好的运用色彩对比技法，使各部分之间能够相互呼应，浑然一体，产生一种"和谐"的美。"罩上明油"是扑灰年画的又一色彩表现特色，主要用途之一就是装饰、祭祀年节，增添喜庆氛围和供奉、拜求先祖神灵，所以扑灰年画大多喜用红、黄、绿、紫等色彩艳丽、明亮的颜色，尤其重要部分还罩上明油更加突出、显眼，更加灿烂光彩。扑灰年画的另一色彩表现特色是"墨分五彩"俗称"墨货"，年画制作表现虽然纯用墨，但画面"颜色"通过墨色用力、分布、着色时间等处理方法的不同，仍然会产生非常"丰富"的视觉效果，毫无单调之感，和国画中的浓、淡、干、湿、焦相媲美。

高密扑灰年画《花瓶》（清代）

4.大涮狂涂的技法特色

"大涮狂涂"是高密扑灰年画的重要制作技法特点，"大涮狂涂"指艺人们在作画时，从衣裳到头发，全是单色抹涮，连轮廓线也是一笔抹下，以"意"写"神"，与现在国画中的大写意一样，形容了"抹画子"时"抹"的情景。"描子勾拉"是指局部的细心描绘，"兼工带写"，以"形"传"神"，如国画中的工笔，与"大涮狂涂"则形成鲜明对比。扑灰年画还运用"细心整理粉脸"、"眉眼巧画"的制作技法特色，许多人物作品往往都有一个或几个淡淡的粉红脸，"细心粉脸"、"眉眼巧画"就是在脸上巧妙的勾划

眉眼、五官，再敷彩，局部涂有明油，让人看上去面部富有弹性，透明细致，这也是技法中较精细的部分。当扑灰年画作品制作技法接近尾声时，艺人们常在"大涮狂涂"的服饰上搞一些图案，"咸菜磕花"就是常用的技法。所谓"咸菜磕花"，就是将选好的咸菜晒干，刻上图案，再蘸着颜色磕就是了，简单而实用。

高密扑灰年画的艺术风格确实不拘一格，颇具儒家文化精神特色，由于不拘泥于程式化表现技法看起来格外粗犷、豪放。它的艺术创作过程和流传过程，都是经过增删、修改、改造、充实，一代一代按照时代的要求、生活环境、风俗习尚、艺术趣味的要求变化发展的。扑灰民间年画艺术立足于儒家传统文化思想，寻找有意味的外观造型及视觉形象，在外观造型和色彩设计的创新过程中，力求从造型和民族色彩中寻求灵感，这样既能满足大众对美的特殊要求，又有助于建立和丰富民间艺术风格。

五、题材与种类

扑灰年画的题材内容丰富，大多取材于世俗生活，社会功效主要表现在服务于城乡大众，丰富和美化人们的生活、传统伦理与美德教育、普及文化知识等方面。这种年画的题材种类，与全国其他地区的民间年画题材基本相同，可以类归纳为神像类、祈福祝寿类、仕女娃娃、戏曲故事类、人物传说类、山水花卉类、世俗生活类等七类。

1.神像类

这类题材的扑灰年画老百姓过年时用的最多的。其中家堂（包括族影）、财神是扑灰年画中最有高密地方特色的题材。如今在高密乡间，家家户户依袭旧俗要在除夕请财神、供家堂，这两类神像画要在家庭正屋祭拜。请财神是祈求新的一年财运亨通。请财神很有讲究，扑灰年画里的"财神"有好多种，有《文财神》（即比干）、《武财神》（即关羽）、《二堂财神》（即比干、关羽出现于同一画面），还有一种《三堂财神》（比干、赵公明、关羽出现于同一画面）。供家堂有"感恩先人劳绩"、"慎终追远"之意，并通过这种隆重仪式祭祖祈求先人神灵庇佑。

2.祈福祝寿类

这类扑灰年画主要针对老年消费者的需要而绘制,以祈福拜寿之类的内容居多。代表作品有《祝寿图》《百寿图》《三星图》《福寿有余》《狮童献寿》等。《祝寿图》的画面通常有一个老寿星,手柱龙头拐杖、脚踏祥云或骑仙鹿,旁边有手捧寿桃的童子或者侍女,有古松、仙鹤相衬;有的还在两边配以"寿比南山松不老,福如东海水长流"的对联,或在画面中书写一个大大的"寿"字。在扑灰年画中,还有以书法入画的作品,像"福字图",远看红色颜料书写的是一个"福"字,近瞧却是一幅画,左边是一站立的鹿,右边"田"字上是一只仙鹤,画面四角是四只蝙蝠,寓意"四福"(高密方言赐为四),令人回味。

吕蓁立绘制的高密扑灰年画《二堂财神》
(伊红梅供图)

石建亭绘制的高密扑灰年画《三星图》

扑灰年画老样子《麒麟送子》（清代）　　扑灰年画老样子《绣鞋记》（清代）

3.仕女娃娃类

这类题材在高密民间也被俗称为"老婆孩"类。往往通过仕女、娃娃及一些吉祥花卉、动物的谐音或者寓意表达幸福美满、和谐吉祥。譬如绘以石榴谓之《榴开百子》，绘以麒麟谓之《麒麟送子》，绘以莲花谓之《莲生贵子》等等。还有《榴开百瑞》《金鱼童子》《六合同春》《连年有余》《金鱼满堂》《团扇美人》《母子赏花》《母子识字》《母子夺魁》《舞童》《天仙送子》《年年有余》《万事如意》《富贵平安》《盛世集瑞图》等等。这类题材的扑灰年画大多挂在年轻媳妇房中。

4.戏曲故事类

扑灰年画里的戏曲人物，大多是由当地技艺高超的民间画师多次观摩当时名伶的现场表演，回画坊后，将戏曲中感人肺腑的名段及舞台人物优美的扮相默画成底稿，反复揣摩修改成画，而后由画工们流水作业，将其依原稿复制成大量的行货行销于市。艺术的触类旁通，丰富着他们的创作经验，升华着他们的创作意境，《许仙游湖》《黄鹤楼》《周瑜打黄盖》《绣鞋记》《燕青卖线》《三娘教子》《拾玉镯》等经典名作的问世及复制品的广泛流行，使扑灰年画戏曲人物的创作在清末民初达到鼎盛。

这类题材的扑灰年画具有很强的故事性和娱乐性。大致可分为六类：一是神话故事类，如《天女散花》《牛郎织女》等；二是戏剧人物类，如《盗仙草》《西厢记》《穆桂英》《燕青卖线》《三娘教子》等；三是文学故事，如《三打白骨精》《三顾茅庐》等；四是历史故事。如《刮骨疗毒》《桃园三结义》等；五是民间故事，如《二十四孝》《张仙射狗》等；六是成语故事，如《渔翁得利》《塞翁失马》等。

5.人物传说类

这类题材多以历史人物、文学典故为创作题材，像《刘大人私访》《四爱图》《白金哥拜花堂》《唐王征东》《父子合家欢乐》《秦英征西》《八蜡庙》《五子同乐》《镖打猛虎》《陶渊明爱花》《渔家乐》等等。

6.山水花卉类

这类题材有的扑灰年画以物达清、祈求祥瑞的含义。消费群体多是民间文化气息浓郁的家庭。像《四季图》《松鹤延年图》《凤栖牡丹》等等。这种画既有文化人的情趣，也有对美好生活的祈愿。

7.世俗生活类

清末民初，长期生活在劳动群众之中的民间艺人逐渐绘制反映现实生活的题材，这类题材展现的内容多为人们所向往的生活实践，如描画家庭和睦的《姑嫂闲话》，表现新婚夫妇感情和谐的《新婚燕尔》，表现乡村野趣的《踢毽子》《放风筝》《游泳与赶路》。

扑灰年画的种类大致根据尺幅、张贴位置及用途分类，可分为门画、窗旁、窗顶、炕头画、桌围子等。窗旁、窗顶多以花卉为主，还有"东莲花、西

高密扑灰年画老样子之《四季花鸟条屏》（清代）

牡丹"之说的配轴。桌围子画挂在供奉祖先、财神的桌子下部，画面多绘五彩吉祥图案，色彩艳丽，物象壮观，既能挡住桌下不雅的杂物，又能增添过年的气氛。"大挂子"是指尺幅比较大的扑灰年画，大多表现老婆孩的题材，挂在妇女房中。炕头画则是贴在炕头上的诸如胖娃娃、戏曲故事之类的题材。桌子头是在闲屋里挂的，题材多是《凤栖牡丹》之类。另外还有"配轴"，就是配家堂（家堂俗称"轴子"）的，又叫"大花"，两幅一套，挂于家堂两侧，规格与轴子一致，装"天杆"、"地轴"，便于悬挂。

此外，扑灰年画根据民俗功用分类还可分为年俗用，婚俗用及乞巧节用等类别。

六、工艺流程

所谓扑灰，是指扑灰年画制作流程的一道起稿工序，用柳条或者豆秸烧成炭条，用它代笔勾画事先构思好的画作轮廓，画成灰稿，定稿后拿白纸覆盖扑捺复制，印出线稿，一稿可拓扑多张，"扑灰"由此得名。还可以把炭条研磨成细灰粒调和成浓墨，拿毛笔蘸取，在扑好的线稿上勾描后重扑，这样不仅增加了数量，也使一张构图变成了对称的两张。这完美的对称性是扑灰年画甄别于中国其他民间年画的一个显著特点。扑灰后的画稿还要加以手绘，经二十多道工序后才能成变成漂亮的扑灰年画。

根据扑灰年画代表性传承人吕蓁立口述，结合吕清溪、吕蓁立、吕红霞祖

高密扑灰年画国家级代表性传承人吕蓁立在绘制扑灰年画《家堂》（王金孝摄影）

孙三代的现场绘制演示，整理了扑灰年画的基本工艺流程，并以《连年有余》这个大众通俗题材的绘制过程为个案，由张西洪摄影图解扑灰年画工艺流程如下：

1.烧炭条：取干柳枝，剪成一段段，制成炭条。

2.起稿：也叫画灰稿。用柳枝炭条代替画笔，在纸上勾画轮廓成灰稿。

3.画灰：把炭条碾成细粉调和水制成糊状浓墨，拿毛笔勾勒，这种方法，可使画稿轮廓清晰，并能增加扑灰的数量。

4.打壳子：将画纸托裱在门子上，晾干待用。

5.扑灰：用勾画好的灰稿做底稿，铺在画纸上面，用手均匀扑抹，使灰稿上的炭灰轮廓印在画纸上。

1.烧制炭条 　　　　　　　　　　2.起稿

3.画灰 　　　　　　　　　　　　4.打壳子

6.落墨(也叫勾线)：用毛笔蘸淡墨在扑好的灰稿上勾画出清晰的轮廓。

7.扫灰：就是用拂尘轻轻扫拂落墨后的画稿，将扑灰时粘在画纸上的炭粒扫掉。

8.粉脸、粉手：用白粉调大红或者桃红色，均匀地涂抹在人物的脸部和手臂，这样看上去红润、富有弹性质感。

9.开脸：也叫圈脸，用毛笔蘸取深褐色，轻轻勾画脸部及五官的轮廓。

10.熏脸：用桃红色加适量墨，涂在眼窝及鼻洼处，类似素描中的黑白灰，使脸部显现出凹凸明暗的层次效果。

11.涮脸、涮手：也叫染脸、染手，近似于工笔画中的渲染技法。用特制扁笔，一边蘸颜色，一边蘸水，在人物的脸上涂上均匀的桃红色，然后再涮手部。

12.立眼：也叫粉眼，用白色在眼部画出白眼球。

13.乌眼：也叫点睛，用淡墨涂在眼珠的内部，画出黑眼球。

5.扑灰　　　　　　　　　　　　　6.落墨

7.扫灰　　　　　　　　　　　　　8.粉脸、粉手

14.开眉眼：用毛笔蘸重墨，画眉毛、眼睛的上眼线以及黑眼球的外廓部位，然后用重墨点在黑眼球的中央，画出瞳孔。

15.点嘴：用大红或者桃红色画出嘴的形状。嘴角要上翘含笑。

16.丝头发、耙头发：丝头发是用特制细软羊毫，把头发一根一根地提画出来；耙头发是用特制扁笔蘸浓墨画出头发的刘海。

9.开脸　　　　　　　　　　10.熏脸

11.涮脸、涮手　　　　　　　12.立眼

13.乌眼 　　　　　　　　　　14.开眉眼

中国民间文艺之乡

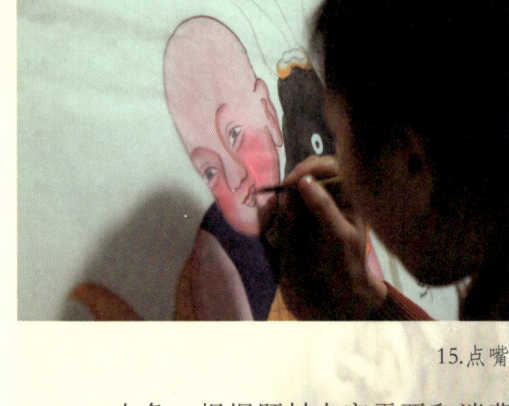

15.点嘴　　　　　　　　　　　　　　16.丝头发、耙头发

17.上色：根据题材内容需要和消费者的审美观，在画面不同的部位涂抹不同的颜色，自上而下，先淡后浓。

18.涮道：也叫染道，用一支扁笔一边蘸颜色一边蘸水，来画服饰的皱褶、边廓或山水、花卉中的线条。以增加色彩的明暗层次感。也有人采用两支毛

17.上色　　　　　　　　　　　　　　18.涮道

19.涮花、点叶撇草　　　　　　　　　20.描粉

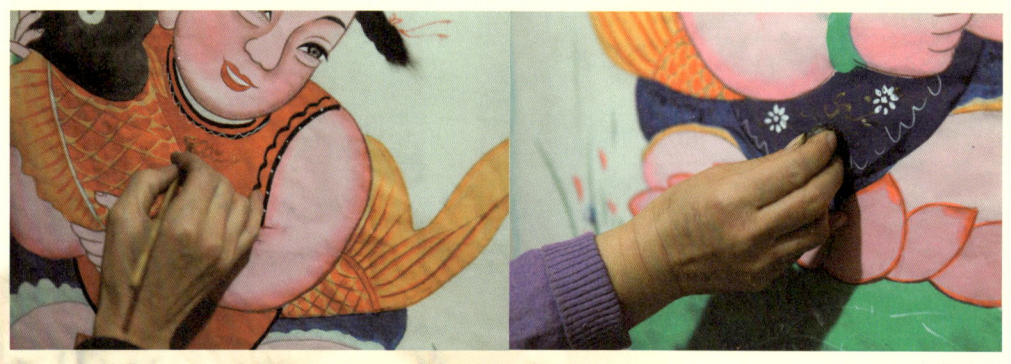

21.画金　　　　　　　　　　　　　　　　　　22.咸菜磕花

23.刷边、裁边　　　　　　　　　　　　　　24.题款成画

笔，一支蘸取颜色，一支蘸水的技法来完成这道工序。

19.涮花、点叶撒草：技法如同染道。涮花也叫染花，是在合适的部位点缀上花卉图案；点叶是给涮在衣裙上的花配上叶片；撒草指的是给画面中主体之外的涮花上配上叶草。

20.描粉：在服饰或器物的重色部位，加画白色线条或图案，以增加其装饰效果。

21.画金：也叫描金，用金粉在服饰上描画吉祥图案进行装饰。

22.磕花：磕花就是用艺人自制的花磕子蘸上颜色，像盖图章似的在人物头部及衣裙上磕上花卉图案。磕花的布局要合理耐看。

23.罩明油：明油是用松香和酒精，按一定比例调和熬制而成，一般涂于头发、衣裙等，以及用化工颜料描绘的部位。因罩明油的年画不能裱糊，现多不采用。

24.刷边、裁边：在画好的年画上，用颜色刷上边框，然后裁齐纸边。这道工序常用于行货。

25.题款成画：在画面适当的空白处题款，标印上店记（现在多盖艺人个人图章）。

七、传承与保护

自1978年以后的三十多年来，高密历届党政部门和宣传文化部门对扑灰年画做了大量的传承保护工作。对扑灰年画等民间艺术进行了更为深入广泛的挖掘、整理与保护，并把扑灰年画的传承保护列为重中之重。短短时间，高密民间艺术抢救保护工作成绩显著，并得到了社会的强烈回应。在推广宣传方面，高密文化部门对扑灰年画进行文献整理，出版了《中国木版年画集成·高密卷》《高密民间艺术精品选》《高密扑灰年画精品选》《高密民艺四宝丛书》《吕蓁立与扑灰年画》等书籍。

随着市场经济体制的运行和改革开放的不断深入，高密市委、市政府在理论与实践中越来越清醒地认识到：继承、发展、弘扬优秀民族文化遗产，是发展文化产业服务政治、经济的重要途径。政府和文化职能部门积极扶持、引导、保护扑灰年画传承人，鼓励他们创作、生产好作品。首先从思想上正确引导、帮助扑灰年画传承人划清民间艺术与封建迷信的界限，使他们逐步摒弃旧的生产观念，走出旧的生产模式，鼓励他们进行原生态生产，在内容形式上逐步注入时代气息，为其牵线搭桥，组织外出展销，提供服务。这些措施大大调动了扑灰年画传承人的积极性，他们薪火相传，成为扑灰年画家族性传承保护的生力军。

高密扑灰年画现有国家级代表性传承人吕蓁立1人、省级代表性传承人王树花1人、潍坊市级代表性传承人石见亭、王俊波、张初华3人、高密市级18人，还拥有其他民间画师100余名，以中年画师为主流和骨干。这些传承人绘制过程中独具匠心，异彩纷呈，为扑灰年画的传承发展发挥了极大的推动作用。

在这个基础上，高密把握历史的机遇，打文化牌，以莫言效应带动民俗艺术产业发展。在申评"中国扑灰年画之乡暨保护基地"期间，大力发展扑灰

山东高密

高密扑灰年画省级代表性传承人王树花在作画

年画的传承和保护：棉花屯、甄家屯、李家庄、北高家庄、城子等十二个民间艺术专业村被评为"扑灰年画生产保护村"，命名扑灰年画传人吕蓁立、王树花、石建庭、王俊波、张初华、胡鸿书、秦同成等为"扑灰年画保护专业户"，对他们实行"政策上支持、经济上扶持、业务上指导、销售上帮助"，扑灰年画产业发展迅猛。

作为代表民间文化艺术一个切面的扑灰年画，是中国文化的源头和根基，也是民族个性特征与独特精神的重要表征。现阶段，抢救这些文化遗产，给中国的现代化发展注入新的人文精神，是建设有中国特色的社会主义的必然要求。相信高密的扑灰年画在文化产业发展的带动下一定会向着更好更繁荣的明天迈进。

第五章 传统美术

世界遗产——高密剪纸

　　高密剪纸构思精巧，具有浓厚的生活气息，善用阴剪和阳剪手法，巧用黑块和细线，善使锯齿纹和光滑面，有定规而不拘束，剪出粗犷而精巧、简约而不单调、质朴而灵秀、生动又传神的艺术效果，自成"粗中有细的金石味"，这是高密剪纸区别于其它地区剪纸的重要特征。1993年，高密被文化部授予"中国民间艺术（剪纸）之乡"的称号，有数名高密剪纸艺人应邀出国展演，被誉为"中国魔剪"。2008年5月，高密剪纸列入国家级非物质文化遗产名录。2010年高密剪纸入选联合国教科文组织"人类非物质文化遗产代表作名录"。

高密剪纸国家级代表性传承人范祚信作品《状元祭塔》

一、高密剪纸概况

剪纸起源于远古祭仪，汉代时期人们就开始将剪纸图案应用于首饰、鞋帽和铜镜等工艺。高密剪纸中古老的鞋垫花，图案中至今还遗留着汉风拙朴的神韵。

高密剪纸历史悠久，剪纸艺人遍布千家万户。早在五千多年前，就有氏族部落在此繁衍生息。先民们不但创造了物质文明，也形成了一些具有地域特点的民风民俗，滋养孕育了品类繁多，独具特色的民间艺术，经过数千百年的世代传承流传下来。

高密剪纸最早作为胶东剪纸的一个派系，初步形成了细腻的风格。汉以后，由于时代的变迁，战争的频繁，据记载，明洪武元年，全国大批移民从山西、河南、河北、江南等地汇集高密。此后人们安居乐业，也使高密民间剪纸艺术得以繁荣发展。这些人中不乏能工巧匠，工于剪纸能手也不少。因此，河北剪纸的浑厚、山西剪纸的粗犷、江南剪纸的清秀细腻如涓涓细流般融汇到高密剪纸中来。在长期的生活和交往，特别是民俗生活的滋养，各项民间工艺之间互通有无，兼收并蓄，逐渐形成了高密剪纸的独特艺术风格。

清代是高密剪纸的辉煌时期，在各种民俗活动和老百姓的日常生活中，剪纸无时不在、无处不在。由于剪纸这种民间艺术，最初并不是以商品形式出现，具有自生自灭的特点，加之史载不可见，因而其发展状况难以确知。高密剪纸内容丰富，生活气息浓厚，是一种很强的装饰性艺术品。

在高密剪纸成为一门艺术之后的几百年间，民间不论婚庆喜嫁，还是逢年过节，都喜欢用它装饰生活用品和房间，并根据不同的喜庆节令，在不同地方贴上各种应时剪纸，营造出一种欢庆喜悦的氛围。

改革开放以来，在党的方针政策指引下，高密文化部门的有识之士在抢救、挖掘、整理、继承、发展传统剪纸艺术方面，做了大量的工作。上世纪七十年代末八十年代初，文化部门连续六年组织举办了高密民间剪纸艺术培训班，培训了一百多名民间剪纸艺人，培养了一大批在全国有影响力的剪纸能手，他们以娴熟的剪纸技巧，成功的作品受到专家的好评，赢得了极高的声誉。1983年2月，中国美术馆《山东省民间工艺展》上，以剪纸为主的高密展品最具感染力，引起专家和国内外民间爱好者的重视，华君武先生给予高度评价与鼓励。1984年高密剪纸进京展出之后，在国内外引起了轰动，从那时开始，高密剪纸成为了一个独特的剪纸品牌。1986年，在高密春节电视文艺晚会辞旧迎新节目里，有6名妇女投入了1200兽的大型剪纸创作，蔚为壮观。1987年5月，在日本宫崎县日向市举办"中国潍坊物产展"高密剪纸巧手范云英的表演被日本媒体誉为"魔剪"。1993年因高密剪纸风靡国内外，高密被国家文化部授予"中国民间艺术（剪纸）之乡"称号。1994年8月中国工艺美术学会民间工艺专业委员会第十一届年会在高密召开，全国民间工艺专家和海外学者教授云集高密，研讨高密民间艺术的发展。先后出版和录制了《乡土瑰宝》、《民俗瑰宝》、《高密民间艺术精品选》和范祚信的剪纸专集《中国民间十二生肖剪纸》等。其中，由民艺专家鲁鸿恩主讲的高密剪纸于2001年9月14日CCTV/4《华夏文明》栏目第198期播出，在全球引起轰动。1996年，高密剪纸艺人范祚信被联合国教科文组织授予"一级工艺美术师"称号，2005年被中国艺术研究院聘为"民间艺术创作研究员"。素有"巧女"之称的齐秀花在1997年创作的

2008年首届山东高密民间文化艺术节暨中国剪纸艺术邀请展开幕式

《金牛奋蹄》被国家邮政部定为当年的生肖邮票全国发行。高密的剪纸"老鼠嫁女"登载《人民日报》(海外版)。剪纸艺人宋小娟受到国家领导人曾庆红同志的亲切接见和殷切勉励。范祚信、齐秀花等人还应邀到中央美术学院、清华大学等著名院校讲授剪纸技艺，并多次到香港、日本、瑞士、法国、美国、俄罗斯等国家和地区作剪纸表演，使高密剪纸走出国门，名扬海内外。

二、题材

高密剪纸的题材以广泛著称，凡与人的日常生活密切相关的，从自然界的飞禽走兽到古代的神话传说，还有流之千古的历史故事、文学人物和情节均进入了剪纸艺术的视角。当然，高密民间剪纸的题材范围，不仅仅限于日常生活习俗，而且在发展的过程中不断有所拓宽。这里有段剪纸艺人们的唱词就对剪纸题材进行了生动的概括。"琴声悠扬把板敲，俺表窗花小技巧。牛郎头上罩神光，脚踏行云会鹊桥。猴子架起二郎腿，学人吃烟自偷笑。货郎沿街摇鼓买，喜煞深宅小姑嫂。推车汉子回家来，金银财宝赚不少。穆桂英点将发号令，身穿黄群跳舞蹈。老鼠嫁女是喜事，吹吹打打碰着猫。刘海戏来金蟾女，一双娃娃玩小鸟。花鹿驮着寿星走，和合二仙各斗宝。鞭打芦花阁子莺，王祥卧冰游鱼跃。望香十冬哭甜瓜，世代流传为心孝。梁祝长亭十八送，依依不舍离难熬。衣冠楚楚状元公，祭塔救母人夸耀。十八的小姑爬墙头，越墙姿态真窈窕。吹箫引得凤凰舞，三姐彩球把球抛。牛王弄枪来称霸，猴子轮棍揍老妖。瑞兰夜奔寻兰宽，井台之上情相邀。梁山一百单八将，绿林好汉称英豪。剪底生花四季春，草虫小鸟都会叫。窗户成了大观园，人禽鬼兽都相好。村姑胸内题材宽，列位自读不赘表。"高密剪纸的题材大致如下：

1.日常生活类

日常生活是一切艺术创作的来源，也是艺术的表现对象。高密自古以来农耕传统源远流长。广大的民众在土地上辛勤劳作，生于斯，长于斯，这一片乡土凝聚了人们对生活和生命的思考和实践。因此很多题材都是表现日常生活。在高密剪纸当中，有很多牛的形象，特别是牛拉车更是比比皆是。牛是农民重要的畜力和生产资料，时至今日养牛还是一些农户除了土地收入之外的重要经济来源。在剪纸作品中，除了反映牛在民间的普遍性外，同时也反映出来农耕社会中，民众对于自给自足生活的热爱。其实在上世纪八十年代的的高密乡间，牛车已经很少见，但是剪纸艺人依然用手中的剪刀和红纸，传承那些来自传统生活样式，此处的高密剪纸已经有着文化史的意义，记录日常生活的变迁和转变，同时也是民间文化传承的重要载体。

民间艺人心中各种事物超越了绝对的美丑界限。心灵手巧的民众运用自己的智慧，包含着对生活的热爱之情，使得很多原来凶猛甚至惹人讨厌的事物都呈现出来他们自身所独有的审美意象。艺人时而屏气精工，时而大刀阔斧，加上阴剪阳剪相互配合，构成了生动明快的单色画幅。尤其动物剪纸，动作形态若似活物跃然纸上。例如老虎狮子这些猛兽，此时也退去了凶猛的气息，而呈现出一种憨玩可爱的神态。

2.戏曲人物类

中国的戏曲传统源远流长。民众对各种有关家庭伦理、孝忠报国等方面的历史故事、典故传说非常熟悉，可以说是家喻户晓。高密剪纸作品中，一些内

高密剪纸省级代表性传承人曹兆爱原创作品《连年有余》（苑利摄影）

容是取自于传统的小说、戏曲上的典故、片段。例如苏三起解，井台会、梁山伯与祝英台等。这些作品所反映的内容以其易懂、便于理解等特点深受广大民众的喜爱。更重要的是在这些剪纸作品当中还包含着民众对那些历史上曾经发生过的事件的民间叙事理解。

同很多的平面艺术一样，剪纸善于将人物和动作凝固在平面上。在这些被凝固的瞬间，民众通常会在此中寄托自己的审美理想和人生伦理道德、各色人等，历史人物都会在同一个时间纷纷登场。可以说是在自家的炕头和窗户上，将几千年的历史汇集在一起，将所有的古代史都汇集成近现代史以及现代史，正是在这样一种古今融会的境况之中，民众将自己的所有审美理想都融入其中。

高密剪纸省级代表性传承人曹兆爱原创作品《和合二仙》

3.窗花类

在所有高密剪纸的种类当中，尤以窗花为大宗。高密窗花剪纸主要以花草鸟兽为主，四时花卉都在同一个时间绽放于农户的窗权之间。民众珍惜每一个能够美化生活和美化环境的机会，因此在节日期间，无论是窗户上还是门上都要有剪纸相伴。长条窗花剪纸通常是连年有余和富贵吉祥等为主题。在传统长条窗花的的表现形式当中，以堆积的方式表现出来一中累积起来的愿望，除了源自于技法上的特点之外，还可以让人明显感受到来自于一种空间上的向上发展的诉求。长条窗花以其向上的指向和民间神话传说当中那些生命树和通天树之间仿佛有着某种联系。掩映在其间的猴子和人物都是具有某种沟通人神之间讯息的形象载体。在长条窗花中还有一种是以荷花生子为表现主题的剪纸作品。亭亭的荷花上面，通常有或坐或卧地各种童子。人丁兴旺是小农经济之下的农家改变自己的生活轨迹，以及完成传宗接代的重要内容。花卉在民间通常都与女性相关，因此荷花生子等一系列的花卉生子图案实际上蕴含着更为深层的生殖崇拜的母题，这样的剪纸内容出现在窗花上也能够体会得到其在民众生活中所占的重要地位。

4.婚丧嫁娶类

高密剪纸中婚嫁丧娶是一个重要表现题材。婚姻从来都是民间最为看重的仪式之一，也是民众表现其审美意识的重要场所，同时也是各种民俗活动传承发展的重要契机。在各种婚庆的剪纸作品当中，喜气、热闹、吉庆、多子多福是永恒的主题。借助艺术的表现手法，寄托着民众对新人未来生活的美好祝愿。在高密民间，每当有订亲和婚庆的场合要用馍馍花，作为覆盖在馒头上的装饰。定亲之后，年轻的姑娘要给自

李金波剪纸作品《老鼠娶亲》局部

己的心上人亲手绣双满是花卉图案的鞋垫，鞋垫花上面疏密有致的排列着各种吉祥花卉鸟兽图案，包含着对未来婚姻生活的憧憬。

在高密地区剪纸当中，丧事剪纸也是一个重要的类别。鞋底花的图案之中，上面的花骨朵表示儿子，下面的花多表示女儿。而所有的花

高密剪纸册形窗长条窗花

骨朵和花都是源自于同一株花卉，也就是表示这位老人一生里曾经生育过几个子女，这些丧事用的剪纸作品大多凝重、还有贴在死者的鞋头上的"鞋头花"素雅，没有太多的藻饰，通过艺术来表现对生活之中伦理道德的理解，期间传达着生者对于生命从中也可以看出花卉之于人生的重要象征意义。

三、艺术风格

素有"九穴五龙之抱流、西砾东岗之叠嶂"之称的高密，以"南艳九岭之秀、北瞰古城之雄"的优越地理条件，哺育了勤劳智慧的高密人民，创造了独具特色的高密民间剪纸，以其独特的艺术风格，自立于中国民间艺术之林。

1.构思精巧 造型夸张

高密剪纸省级代表性传承人曹兆爱作品《蝈蝈出笼》（苑利摄影）

高密剪纸造型稚拙粗犷而不呆板，夸张变形而不失真，粗犷中见清秀，稚拙中藏精巧，简约而不单调，质朴而灵秀。既忠实于自然，又不拘泥于自然。有时则大胆地冲破常规，巧妙地运用独特手法，达到自己的创作目的。如剪纸"笼上蝈蝈"，生活中的蝈蝈都是养在笼子里的，可高密剪纸艺人却独出心裁地将蝈蝈放了出来。一只看上去体重如牛的蝈蝈，用一双坚硬的后腿紧紧地钩在一只精细乖巧的笼子上，双须前伸，二目圆睁，宛如猛虎卧山岗。整幅画面，黑、白、灰对比强烈，笼子玲珑剔透，蝈蝈粗犷豪放，两者浑然一体，相映成趣，充分体现了人们渴望自由、向往美好生活的强烈愿望。

2. 线条挺健 金石味浓

线条刚劲挺拔，具有金石味。这是高密剪纸区别于其它地区剪纸的一个重要特征。以剪纸"八仙"为例，由网纹、鱼纹样的细线组成的金石一样挺拔而又轻柔的衣饰、大块面表现神情各异的人物形象，飘逸的云、浓重的衣饰，构成了一幅幅出神入化的画面。既不像河北剪纸"八仙"那样浓厚粗犷、以块为主、大面为黑、只求整体轮廓而无细部刻划；也不像江南剪纸"八仙"那样玲珑剔透，纯以轻柔的细线、手绘式的五官来表现八仙人物；也不象山西剪纸"八仙"那样有刀劈斧凿之感。高密剪纸"八仙"有种巧夺天工、强烈醒目而又耐人寻味的美感。

3.粗中见秀 拙中藏巧

北方的剪纸大都粗放有余，缺少细节刻画，略显简单，高密剪纸却很好的处理了二者的关系，做到粗如大笔挥洒,细如春蚕吐丝。这是由于并用了阴剪和阳剪的手法，巧用了块面和细线，善使锯齿纹和光滑面，有定规而不拘束，剪出了粗狂而精巧，简约不简单，质朴灵秀、生动传神的艺术效果。剪人物，注重刻画衣纹的花饰；剪黄牛，精心剪出牛毛的漩涡纹；虽然真实的动物身上本来无花，而剪一只小兔，可以给它剪上一朵桃花，或者在梅花鹿角间配一朵梅花，是为"花中花"。可见高密剪纸的粗中见秀，拙中藏巧的特点。

4.疏密有致 虚实对比

高密剪纸的一个重要特征就是构图疏密有致，对比强烈，富有韵律感。一是因为艺人们善于运用对立统一的辩证手法，使得点、线、面错落有致,形成黑、白、灰三色调的虚实对比调和。剪纸中的虚实对比既体现在作品黑、白、灰关系的处理上，同时体现在剪纸的剪法上。

传统剪纸作品《八仙》

高密剪纸《牧童放牛（三）》
齐秀花姥姥王桂兰遗作

高密剪纸省级代表性传承人齐秀花作品《生肖牛》

一般来讲，剪纸有阴剪和阳剪两种。阴剪是线线相断，阳剪是线线相连；阴剪是剪掉轮廓线，阳剪是保留轮廓线而减掉多余的部分。在高密剪纸中多是阴阳剪，与我们正负图形的道理相似，利用阴阳剪的穿插来体现虚实变化。同时更好的突出主体物，使画面出现层次感。二是高密剪纸中"锯齿纹"的大量运用，这在其他地方是很少见的。通过锯齿线条的运用，与直线、曲线对比产生变化，作品的细节更多，显得剪纸更精致，同时在表现动物的皮毛质感上也有很好的效果。从画面黑白灰上来分析，排列整齐的锯齿线条形成灰面，能使画面显现层次感，突出画面中的主体物。如剪纸作品《牧童》牛与牛背上的牧童即形成黑白灰的对比效果。牛的造型运用了高密剪纸中比较常见有特点的"锯齿纹"，这种纹理不同于西北地区大刀阔斧的几剪子，而是排列紧密，可谓密不透风。通过锯齿纹的运用，很好的表现牛身的皮毛质感。这些排列整齐的锯齿线条形成了灰面，使画面出现了层次感。而牛背上牧童的斗笠和衣裤则用稀疏的阳线来表现，而牧童的面部和身上的坎肩又采用大的块面，这样就形成了黑、白、灰间隔而错落有致的虚实对比，增加了作品画面的节奏感和韵律。

5. 纹样丰富 寓意吉祥

"花样子"是剪纸艺术中为绣花而做的一种图案。在剪纸的传承和延续过

程中,部分地区民间传统地把剪纸作品俗称为"花样子"。剪纸作品因为材质和用途等原因,古老的剪纸作品很难保存下来,剪纸作品的流传主要靠世世辈辈口头传授,剪纸艺人切磋技艺,交流发展,一代一代将"老样子"保存下来。"花样子"是由一个个的纹样组成,这些纹样是百年来形成和总结的艺术精髓,是剪纸艺术的精华和灵魂。高密剪纸中有许多造型都蕴含着深刻的象征意义,这些具有象征意义的造型有的是通过纹样来表现其象征喻意的。

四、高密剪纸与民事风俗

在高密传统的农村,所有的事情都与剪纸有关,张家生了个小子,要给孩子的姥姥家送喜信,那是需要挎上饽饽去送信的,当然,那饽饽一般也不是平常的,要么把饽饽做成莲花形状,要么在饽饽上贴上喜花——小小的剪纸,以示喜庆,更含有对孩子最美好的祝福。莲花有吉祥如意的意思,而丰满的鲤鱼

高密剪纸老样子《水浒传》剪纸薰样

中国民间文艺之乡

则是对孩子将来最美好的祝愿，有鲤鱼跳龙门之意。孔子曾给自己的儿子取名为鲤，有着儒教传统的高密民间无疑对鲤有一种神圣的图腾崇拜的意味。在孩子出生之后，在热腾腾的饽饽出锅之后，孩子的奶奶就找来一张象征着喜气洋洋的红纸，剪刀和纸在手里飞快地舞动着，一会，由一尾肥胖而鲜活的鲤鱼、一朵玲珑剔透的莲花组成的剪纸就在手下形成了。贴在白白的饽饽上，那白，那红，那鲜明的对比分明是奶奶喜悦心情的写照。

"孩耍狮"顶棚花

高密剪纸省级代表性传承人曹兆爱原创作品《三阳开泰》

在农村，不仅生孩子是喜，盖房子更是一喜。到上梁的时候，要选良辰吉日的，上梁仪式是正规而隆重的，其中，自然要有剪纸的参与，那梁上不仅要贴上"上梁大吉"，更要挂上白面做的一对鲤鱼，还要贴上象征吉祥的有蝙蝠

图象的大红剪纸。房子盖好，扎上顶棚，更要对顶棚好好装饰一下。顶棚用红底的花纸糊好，然后在顶棚上做最后的装饰，一般在中央是圆形的剪纸，当然主题是以主人的喜好年龄和房子的用途而各异，有的是两只对头的蝙蝠，象征着福气，有的像图的鸡的图样，则取大吉大利的意思，而新婚房子棚顶的装饰一般是龙凤成祥的图样。取新婚的祝福。而棚四角也要有剪纸装饰，那一般是三角的饰图，由翩飞的蝴蝶和蝙蝠为多数采取的图样。

　　眼睛是心灵的窗户，一般人这样描述眼睛，而在农家，窗户是家庭的眼睛。在那时，窗户一般是木头的窗棂窗户，在冬天，窗上要糊上白色的薄薄的纸，既要采光，还要挡住凛冽的寒风。而在这白色的窗户纸上，是农家女大显灵气和才气的地方，那活灵活现的人物，那争奇斗艳的花鸟，那淘气顽皮的动物，都在农家女灵巧的手中出现，一会就贴在了白白的窗纸上，把一面窗装饰的灵动而温暖。并且窗花有一个最明显的特点是长圆造型，非常适合窗的结构特点，在窗棂之间贴上玲珑的剪纸，早上的太阳照到窗上，那剔透的窗花往往能映到微笑着的姑娘的脸，那喜气和朦胧的写意让人在冬天感到一种内心映出的温暖。所以窗花一般刚好映在薄薄的窗纸上，而不让它印上窗棂的暗影，所以符合窗棂间隔的长圆造型是灵巧女性的上选。如这些活泼的小动物，美丽的花鸟，神气活现的人物，都是长圆的。当然那是窗中央剪纸的造型，窗的四角同样要有剪纸的装饰，一般以翩飞的蝴蝶，盛开的莲花，喜鹊登枝等是一般的选材。窗户是眼睛，当然要有看的功能，这一般要设计上窗的卷帘，是用薄薄的窗纸，粘上高粱杆，形成一个小小的卷轴，要向外望的时候，就卷上那轴。卷起的地方就是我们一般说得窗唇。那窗唇同样是要有修饰的，那就是偏宽的窗花。我们高密多数人家在冬天的大部分活动的地方是炕头，炕的四周墙上也是要装饰的，一般用红花纸装裱，在四角贴上黑色的剪纸，和红色的窗花呼应，有一种变化的和谐。当然，一般也是三角的造型，多采取蝙蝠的图案。

　　其实，不仅是窗，不仅是顶棚，在我们的生活中，几乎时时处处都有剪纸的存在，到处都有心灵手巧的大姑娘小媳妇，她们在工作之余，往往拿起了剪刀，随便剪一副什么东西，在聊天之时也往往探讨着剪的技巧和造型，对剪纸的热爱简直就像追星族谈论那些崇拜的明星。奶奶传给孙女，孙女之间们又互相切磋着，争胜好强着，就使得剪纸成为如同针黹的一门不可或缺的手艺，使得剪纸艺术就在这种有滋有味的生活中，显出它旺盛的生命活力。刚过门的小媳妇生了一个虎头虎脑的儿子，全家疼爱极了，做奶奶的在宠爱之余，就要好好打扮一下漂亮的孙子，而虎头鞋虎头帽是最流行和漂亮的装饰，灵巧的奶奶，找张废旧的纸，拿着剪刀几下剪出样子来，然后用这个样子，作为剪布的样稿。更有一些不太聪明的，要找老朋友要一些样子，照葫芦画瓢地剪一个纸样，然后再裁布缝针。在传统的农家生活中，剪纸是最普通最平常的一门手艺。

高密剪纸《五子登科》

五、传承与保护

对民间艺术的抢救挖掘继承发展，高密是走在全国前列的。早在上世纪七十年代，高密文化部门的有识之士就积极进行民间艺术的抢救挖掘工作，组织大批人员在高密境内乃至周边县市进行了刮篦子一样的挖掘征集，几年时间征得16个门类近3000件传统剪纸等民艺作品，进行专门研究、临摹、复制，办起了琳琅满目的民艺展览，引起了省和北京民艺专家的极大关注。上世纪八十

年代，培训了一百多名民间剪纸艺人，培养了一大批在全国有影响力的剪纸能手，他们以娴熟的剪纸技巧，成功的作品受到专家的好评，赢得了极高的声誉。

近年来，高密市委、市政府不断加强对剪纸等民间艺术的保护开发工作，并成立了高密市民间文化艺术协会，建立小康河文化市场、范祚信剪纸传习所、齐秀花剪纸研究所等高密剪纸传承展示场所，每年一次举办"红高粱文化节"等。并且加大宣传力度，积极组织民间艺人外出参加各种民艺大赛、展演、展销活动。教育部门邀请剪纸艺人编写剪纸艺术课程，在中小学生中普及推广。

高密剪纸艺人众多，群众基础广泛，代代相传，几乎每个镇村都有剪纸巧手。大多以家传为主，主要传承手段是"把样"和"熏样"，依赖口传心授、代代相传。最具代表性传统剪纸艺人有：被联合国教科文组织授予一级工艺美术师的国家级非物质文化遗产代表性传承人范祚信，被报界称为"剪牛状元"的山东省级非物质文化遗产代表性传承人 齐秀花，创新型山东省级非物质文化遗产代表性传承人曹兆爱，潍坊市级代表性传承人任春花、李金波，以及宋小娟、邓辉、栾瑞敏、赵秀兰、吴芳英、李秀芹、姚成秀、李淑娟、于春霞、刘娟等老中青剪纸名家。

传统剪纸的教育从小抓起，是一个非常好的办法，也是激活剪纸民俗最好的发动人群。通过民间剪纸课堂的保护措施，使民间剪纸走进小学生手工课、美术课。近年

高密剪纸国家级代表性传承人范祚信(王金孝摄影)

中国民间文艺之乡

传承

来，齐秀花、李金波、宋小娟、邓辉等中青年剪纸艺人应教育部门的邀请，经常性地到市区各中小学对中小学生进行剪纸技能的培养，使一大批中小学生掌握了一定的剪纸技艺，学生剪纸作品也多次在全国、省、市技能大赛上获奖。

高密剪纸同其他非物质文化遗产一样，都是一定时代的产物，作为有着几百年历史的技艺，在时代发展的同时，既要坚持自己的艺术特色，保留本身的价值，也要不断摸索民间制作工艺、题材、内容、形式的创新，不断改变自身，顺应时代发展的需要。高密剪纸的独特风格，并不悖于现代人的审美观，甚至被现代设计所借鉴，要从形式和内容上寻求新的突破点，与时俱进，社会的需求才是他存在的根本动力。通过适当的产业化开发，发掘出高密剪纸的现实潜力，增强其主动适应现代社会的能力，使来自于生活的高密剪纸归于当代生活并作用于当代生活，是高密剪纸在当代社会中保护与传承的最佳途径。愿高密剪纸能够不断发展，让剪纸这种给人带来美好感受的民间艺术能够永远传承下去。

山东高密

东方神韵——聂家庄泥塑

聂家庄泥塑，粗犷夸张、简练概括，格调大红大绿，具有汉唐文化富丽堂皇、丰盈憨实和青铜文化粗犷放达、种类丰富的特征。它以生活中的具体形象为基础，表现出人的力量、聪明和智慧，充分体现出高密深厚的文化底蕴和丰富多彩的历史文化与民俗文化，有着汉唐凝练明快浑沉之遗风。是全国泥塑艺术中独具型、色、声、动四大特点的泥塑品种，以造型大胆夸张，稚拙憨朴，着色鲜艳醒目，表神写意，加之能动、会叫的独特技艺，赋予了中国传统泥塑艺术别具一格的东方神韵，2008年被列入国家级非物质文化遗产名录。

一、概述

"聂家庄，朝南门，家家户户捏泥人"是对聂家庄的真实写照，当地居民流传着"孩子哭，找妈妈，妈妈捏个泥娃娃，两个娃娃乐哈哈"的民谣。

据聂氏家谱记载，聂家庄泥塑的艺祖叫聂成富（艺名福来），老家是河北省泊镇。明朝万历初年，河北泊镇连年遭灾歉收，聂福来便携带全家逃荒来到了聂家庄。为了一家人填饱肚子，聪明的聂福来便试着用当地的泥巴做外皮，中间装上药、顶部留有小孔，制成一种"锅子花"，走乡串集销售，以供人们在春节或正月十五晚上点燃，放花观赏。"锅子花"的外形象反扣的锅底，刚开始生产的这种"锅子花"，外皮并不加任何颜色装

国家级代表性传承人聂希蔚泥塑作品《福寿满堂》

第五章 传统美术

饰，而且也很粗糙，这种"锅子花"就是聂家庄泥塑的前身。

清康熙年间，聂家庄的艺人们开始由做"锅子花"向做泥娃娃、禽、兽、虫、鱼等供家庭观赏和儿童玩耍的泥玩具发展。在外皮装饰上，由有颜色代替无颜色。但这一时期的泥玩具，基本上都是不会动、不会叫、不会斗趣的"呆"玩艺。

到清朝嘉庆年间，聂家庄泥塑进入全盛期，制作时首、尾分为两部分，中间用皮革或牛皮纸连接，内装钢丝弹簧、哨子，用手摇动则会发出鸣叫声，演化为会动、会叫、会斗趣的叫虎、叫狮、叫猴、叫鸡等声、形、色、动兼备的艺术品，品种达150余个。其中"叫虎"，竖眉瞪眼，昂首踞立，胸挂桃红大花，额涂朱笔大"王"，既威风凛凛，又娇艳可掬，用手拉送首尾，即有啸声发出，实属国内泥塑中罕有之佳品。艺人们还设计出梁山一百单八将、八仙、文武财神、十二生肖、十八罗汉、金陵十二钗、戏曲人物等。其销售范围也从高密，扩展到了平度、胶县、诸城一带。至建国初期，它的品种已经达到了50多种，销售区域进一步扩展到了东北三省。聂家庄泥塑已经得到了更多人的认可和喜爱。

建国后至1966年前，是聂家庄泥塑的兴盛时期。泥塑艺人们，十分注意老百姓的欣赏情趣，造型寓进了浓郁的乡土气息，色彩鲜艳夺目而又柔和动人。无论人物还是动物，都会动，会叫，会逗趣，让人喜闻乐见。农闲时节，他们全力制作泥塑品，销售地点由胶东半岛扩展到沂蒙山区、东北三省及全国各地。

叫鸡

山东高密

聂希蔚作品《刘海戏金蟾》

改革开放后，党和政府对民间艺术进行了新的定位和重视，高密文化部门根据上级指示精神，开始了对聂家庄泥塑进行挖掘、抢救、整理工作。聂家庄泥塑的艺术价值逐步取得了各级领导和艺术部门的肯定与支持。1978年8月，应调参加"昌潍地区工艺美术展览"，荣获一等奖。1979年4月，在"山东省工艺美术创新评比会"中获二等奖。1983年2月，在北京中国美术馆举办的"山东民间工艺美术展览"中作为"高密泥塑展柜"展出，收到国内外专家高度评价。1983年3月，山东电视台在"山东民间艺术之花"节目播放了聂家庄泥塑录像，后又有中央电视台转播多次。1984年6月，在中国美协和高密民艺工作者的努力下，聂家庄泥塑在北京首都博物馆成功举办了"山东高密县民间艺术展"，受到了首都观众及国内外专家的高度评价，部分作品被中国博物馆、美

第五章 传统美术

术馆收藏。期间《人民日报》《光明日报》《工人日报》《大众日报》《北京日报》《山东画报》《中国旅游》《美术》等报刊先后刊登聂家庄泥塑照片和文章。在恢复、挖掘聂家庄泥塑艺术过程中，中国美协副主席华君武、上海美术电影制片厂荆亚云等专家，都曾亲临聂家庄指导聂家庄泥塑的传承与发展。高密文化部门还积极整理出版了《高密民间艺术精品选》、《高密民艺四宝》等书籍、画册，进一步向国内外宣传了聂家庄泥塑。还命名了聂希蔚泥塑作坊为"高密市民间艺术大师工作室"，确立了姜庄镇聂家庄等3个村为"泥塑生产保护村"，2013年被命名为山东省十大非物质文化遗产保护特色村，泥塑传承人聂希蔚被评为山东省非遗保护十大模范传承人，标志着聂家庄泥塑真正进入了一个盛兴发展时期。

二、艺术特征

聂家庄的泥塑造型憨朴，着色浓艳，在全国泥塑中别具一格。所塑事物，有静有动，并多能斗趣、发声。作品动静结合，形声俱备，雅拙中透精巧，憨朴中显灵秀，栩栩如生，活灵活现。其中"叫虎"，竖眉瞪眼，昂首踞立，胸挂桃红大花，额涂朱笔大"王"，既威风凛凛，又娇艳可掬，用手拉送首尾，即有啸声发出。一物在手，平添无穷乐趣，实属国内泥塑中罕有之佳品。

1. 吉祥喜庆的题材寓意

聂家庄泥塑作为一种民间工艺美术，面对的是普通百姓，其题材必然要迎合大众的需求。过去很少有上过多年学的老百姓，大都文化水平不高，对文人艺术丝毫不感兴趣，他们更愿意关注自己生活中常见的题材。这类题材多与吉祥喜庆的观念有关。

聂家庄泥塑中最多的是以"老三样"为代表的动物题材作品。无论是虎、鸡、猴，还是狮、狗、马、猪等无一不是深受百姓喜爱的动物。聂家庄制作的叫虎、对狮等泥塑弱化了它们令人畏惧的凶猛形象，通过艺术加工突出了可爱的一面，使其既能满足人们寻求庇护的需求，又不让人觉得难以亲近。如鸡、狗、马、猪之类皆是常见家禽家畜，与百姓生活息息相关，同时也是财富的象征。猴子以其活泼好动和聪明伶俐被人们认为是能带来好运的动物。以这些动物为题材的泥塑历来是最受欢迎的产品，多年来久盛不衰。

山东高密

聂希蔚泥塑作品《关公》

其他题材如儿童、戏曲、神像等也是紧扣吉祥喜庆的主题以博取顾客的青睐。儿童题材多用谐音、象征等民间艺术常见手法来表达对未来幸福生活的向往，前文已有较多叙述，此处不再赘言。戏曲是百姓喜闻乐见的艺术形式，很多人都对其中的故事耳熟能详。戏曲有一个重要的功能是宣扬忠孝节义等伦理道德，而且往往都是以大团圆的喜剧场景结尾。以戏曲人物为形象制作的泥塑能够满足人们维护社会道德的愿望，自然也被赋予了吉祥喜庆的含义。神像题材泥塑多被百姓用于祈祷供奉以保佑自己及家庭能获得幸福安康的生活和免于受到侵害，这本身即是吉祥心理的一种外在表现。

聂家庄地处高密这个民间艺术之乡其中，这为泥塑表现题材的拓展提供了得天独厚的便利条件。以最著名的扑灰年画和高密剪纸为例，凡是它们使用过的题材几乎无一不被聂家庄泥塑所借鉴和移植。无论吃禽走兽、瓜果梨桃还是

第五章 传统美术

娃娃仕女、戏曲人物、神仙圣佛，统统都被泥塑艺人用灵巧的双手从二维的平面形象转化为三维的立体形象。在遵循泥塑自身艺术规律的基础上对外来题材进行了再次创作。同样的题材在聂家庄泥塑和其他艺术形式中所表现出来的艺术韵味是截然不同的，这种不同是在经过了一代代聂家庄泥塑艺人的大胆尝试和艰难探索之后才形成和固定下来的独特艺术风格的体现。

2.独特的音响

一位民俗专家在谈到聂家庄泥塑的声响时说："聂家庄泥塑的声响是一个里程碑式的创举，是划时代的，是物理学的原理在泥塑中的应用。"聂家庄泥塑的传承人聂希蔚说："聂家庄的货，最大的特点就是，声色并茂，以后聂家庄泥塑的发展，一定不能把声色并茂四个字给去掉了，去掉了就失去聂家庄泥塑的特色了。"的确，之所以聂家庄泥塑在全国民间泥塑中成为一绝这音响起了关键性的作用。民间泥塑能发出响声的仅有很少几家，陕西的泥叫叫，河南的泥咕咕等等，它们都是在泥坯上直接钻孔，吹气从而发出哨声，没有装置单独的哨子。而是气流通过钻孔受限而发出的声音，聂家庄泥塑则不同，它是在泥坯中装上用苇子做的哨子，促动泥坯，气流受外力压迫，冲动哨膜发出声音。你看叫虎的哨子，这个苇哨是两头压膜叫双向哨，促动虎身空气从老虎嘴部吸入，经过哨子进入虎腔，然后经挤压气流由虎腔经哨子返出。于是，由于空气

麒麟

山东高密

的一进一出冲动哨子的双向压膜，从而发出呜呜两声叫声，如连续不断促动虎身，就会发出有节奏的叫声，聂家庄人的"双向哨子"有何等的奇妙啊！我们再看摇猴的哨子，这个苇哨固定在猴子的头顶，猴身中间的腹腔放上一根下小上大的弹簧圈，中间外面的皮革封好后，摇动猴身上部（下部手握不动），腹腔内部空气由于猴身不规则的晃动，从而产生大小不一的气压，经头顶哨孔流出，使哨子产生声音，活象猴子的戏闹声。聂家庄人在声响上真是动了脑子。这摇猴的声响可谓称得上声响的一绝。我们再看吧嗒孩的音响设计。一个脱模后的干泥坯是一个小女娃的形象，她的腹部是空而且两面透气的，在她腹部的阳面贴一层皮纸，干后涂粉上色，女孩的一侧固定有两根钢丝，在一根15公分长的细木棒一端用泥捏上一个泥齿轮，干后把泥娃身上的两根钢丝固定在木棒上（泥齿轮的一端）。在两根钢丝之间拴两根细线，两根细线中间插一根薄薄的短竹片，并用竹片绕紧细线，竹片一端放在泥齿上，另一端放在女孩肚皮上（皮纸中心），手执木棒绕动女孩，竹片不断敲击皮纸面，发出吧嗒吧嗒的声响，这是运用了齿轮传动原理和木匠的手锯紧锯条原理二者结合产生的声响。聂家庄人的智慧发挥到极致，后来又产生出吧嗒鸡、吧嗒猴、吧嗒青蛙等等。叫虎又产生出叫狮、叫狗等，摇猴又繁生出摇孩等品种，归纳一下聂家庄泥塑的声响，大致分为四种方

第五章 传统美术

聂希蔚作品《抱鱼娃娃》

式。一是促动式发音（促动泥塑产生气流冲击哨膜发出声响）。二是）摇动式发音（通过腹腔内部弹簧的作用产生大小不等的气流，冲击哨膜发出强弱不等的声响）。三是传动式发音（运用齿轮传动原理产生声响）。四是吹动式发音（用口直接吹动哨子发音，如叫鸡）。摇猴、小鸡、4号叫虎，它们的体积比较小，腹内空间也比较小，就按装细短的苇哨，大虎、大麒麟、特号镇宅虎腹腔空间比较大，就按装粗而长一些的苇哨。反之，小空间按大苇哨会因气流小吹不响大苇哨，而大空腔按小苇哨会因气流过大吹坏哨膜造成发不出声响，总而言之，聂家庄人在声响方面都有着非常成熟的经验。

聂希蔚泥塑作品《叫虎》

3.概括夸张的造型

聂家庄泥塑在造型上对客观事物的模仿原则是只求神似不求形似。事实上，艺人们最早对自己产品的定位就是：能够让大多数人都买得起的低价儿童玩具和家用陈设品。为了保证价格的低廉，除了使用低成本材料外，更重要的是减少单件产品所耗费的工时。如果将客观事物的每个细节都原样复制到泥塑

上，无疑会大大增加入工成本，这与艺人们的初衷是相背离的。

为了达到节省工时的目的，聂家庄泥塑在造型上只保留了最能体现事物特征的部分，而把大部分无关紧要的细节省略掉了。不仅如此，艺人们还进一步对保留的特征进行了大胆的艺术夸张，并增加一些真实事物上原来没有的部分，使泥塑的特色更加鲜明，让人过目不忘。以叫虎为例，它只保留了老虎的头、躯干、四肢和一个不明显的颈部，去掉了尾巴。其实最早的叫虎在臀部有一个很小的凸起，算是代表老虎的尾巴。后来艺人们发现这个类似兔子尾巴的虎尾并没有实际作用，即使没有它，人们也会认可这是一只老虎，而且也不能增加产品的美感，于是便将它也省略了。同时被省略的还有四肢的关节、牙齿、虎身上的花纹等，这些统统被认为是无关大局的细节。

聂希蔚泥塑作品《对狮》

与此相对应的，艺人们采用夸张变形的手法强化了那些最关键的部分。虎头被做得特别大，占到全身的1/3，并且被前后压扁，以突出面部。眼睛、眉毛、鼻子都做成高高凸起状，嘴也开得非常宽，用以表现百兽之王的威严。一些原来并不存在的卡物如前胸和头顶的花卉、带寿了纹饰铃档的项圈等也被人为地添加到老虎身上，使其在威严之中又透出一丝可爱。从艺术的角度来看，上述处理手法是非常成功的，既不失老虎的本质特征，又使其更加富有美感。

4. 明快艳丽的色彩

聂家庄泥塑传统造型中使用到的颜色种类很少，不外乎大红、粉红、黄、绿、蓝、褐、黑几种，而且这些颜色多是纯色使用，一般不加调和。高纯度的色彩搭配在一起，形成了一种明快艳丽的风格，给人造成的视觉冲击力非常大。

这种色彩风格的形成与高密另外一项民间艺术——扑灰年画有着直接的关系。扑灰年画的历史比聂家庄泥塑长一些，当聂家庄泥塑尚未诞生时，扑灰年画在色彩的使用和搭配方面已经比较成熟了。泥塑艺人擅长的是形体塑造，在用色能力上显然无法与年画艺人相比。聪明的聂氏族人在意识到这个问题后，十分明智地选择了全面移植扑灰年画色彩方案的做法。他们利用地理上的便利优势，不断借鉴扑灰年画的用色技巧。历史上曾有多位聂姓艺人拜扑灰年画名家为师，潜心学习年画技艺，并带动了全体族人的整体进步。

在"老三样"等传统造型泥塑中，除大红和绿之外，粉红和黄用得也比较多。当地流传的口诀中有"大红大绿不算好，黄能托色少不了"，说明了艺人们对黄色作为衬底色的看重。类似的口诀还有"红马绿鞍配，黄马紫鞍配"、"紫配绿，死无趣"等，说明上色时一要注意大红与绿、粉红与黄的补色对比关系，尽量做到冷暖搭配，暖色为主，而且不要让紫色与绿色这样互相排斥的颜色相邻，以免影响整体效果。绘制花朵等纹饰时，还会用到从扑灰年画中学到的晕染技法，使图案更加生动活泼。

正是因为具有上述显著的艺术特色，聂家庄泥塑才能在竞争中求得发展，历经数百年依然能够顽强生存下来，并在民间工艺美术中占有重要的一席之地。

三、题材与种类

经过几百年的发展，聂家庄泥塑品类达150种之多。按造型可分为：动物类、人物类、混合类；按功用可分为玩具类、观赏类、实用类。

1. 按造型分

（一）动物类：叫虎（从特大号到4号共5种）、叫鸡、摇猴（母子猴）、摇孩、麒麟、狮子、小对狮、大对狮、对座狮、座狮、泥马（大小两种型号）、羊、狗、猴骑虎、叭哒孩儿、金鱼等。其中叫虎最畅销。

聂希蔚泥塑作品《财神》

（二）人物类：神话传说人物：八仙、十二生肖、观音菩萨、文财神、武财神、合和二仙、罗汉、土地爷、土地奶、佛（多种）。戏头：王宝钏、薛平贵、苏三起解、武家坡、梁山伯与祝英台、青蛇白蛇。小说人物：十二金钗。水浒系列人物108将：如武松、林冲、花荣、李逵等。三国人物：关公、关羽、周仓等。其他人物：金玉满堂、福寿双全、莲生贵子、吉祥如意、恭喜发财、大吉有余、桃献千寿、榴开百福、万福女、仕女。

（三）混合类：人物、动物或其他造型相结合，具有一定情节。如：武松打虎、猪八戒背媳妇、猪八戒弹琵琶、狮子滚绣球、麻姑献寿、鲁智深倒拔垂杨柳、抱狗娃、抱鱼娃、刘海戏金蟾等。

2. 按功用可分为：玩具类、信仰类、观赏类、实用类。

（一）玩具类。聂家庄泥塑在它的前身和童年时期，的确以真正的"玩具"面目出现。民间流传着"孩子哭，找他妈，他妈买个泥娃娃，逗得孩子乐哈哈"的民谣，可见当时泥玩具深受孩子们的欢迎。叫虎、叫鸡、摇猴等都是孩子们的爱物，尤以叫虎最畅销。现在泥塑的玩具功能逐渐淡化，其他功能增强。

（二）信仰类。属传统品种，包括各种神像，如观音、文财神、武财神、佛、八仙、土地爷、土地奶、罗汉等。传说，聂家庄泥娃娃的产生正是源于求子信仰。聂家庄泥塑艺人们为了增加销售，加强作品对人们的吸引力，提高市场竞争力，逐步想出一些与民俗需求相关联的绝招，例如拴娃娃。这种泥坐娃约八寸高，红袄绿裤，双肩双臂上共绘着四朵被绿叶环绕的粉红花，怀里抱着一只红嘴桃，胭脂染到耳朵边，耳轮和下腭也各抹一笔浅玫红，眉心一朵小小的红色四瓣花，看那眉眼、脸庞、神态，活象一尊小小的弥勒佛，给人的第一印象是"好福相"。而这种泥娃娃也正是以"好福相"在民间活了百余年。在旧时谁家娶了媳妇两年不生孩子，可急坏公婆，于是就在正月十五这天由婆婆领着儿媳到"娘娘庙"里拴娃娃。"娘娘庙"里的尼姑们也早已在"送子娘娘"坐像面前摆好了各种泥娃娃，由前来拴孩者选择自己喜爱的泥娃娃，把穿着古铜钱的红线拴于泥娃娃的脖

聂希蔚作品《猪八戒背媳妇》

子上，然后怀着虔诚的心烧上三柱香，跪拜祷告，祈求送子娘娘大发慈悲送个胖儿子。之后，便把拴上红线的泥娃娃罩块红布，极其神秘地抱回家，藏在新媳妇房内的壁龛里，一日三时供上饭，晚间还要烧香祷告。如果新媳妇一旦生了儿子，那泥娃娃就成了活娃娃的化身，把它小心翼翼地封进龛内，意思是押住它让孩子"长命百岁"。从而提高了泥塑品在生活中的实用性。那时制作一个求子的泥娃娃，能换数百斤小麦，灵验之后，还有重金赏赐，故而心灵手巧的艺人创造了各种造型的泥娃娃，大大地丰富了泥塑的品种。

拴孩娃 高密聂家庄泥塑

（三）观赏类。泥塑造型大方美观，色泽艳丽夺目，烘托出一种热闹红火的气氛，符合大众趋吉避害的审美心理需要，是极佳的观赏品。观赏类的品种最丰富，所有泥塑都可观赏。

（四）实用类。泥货不仅可以玩耍，可以欣赏，还有实用功能，如各种香炉、烛台等。

3.主要产品

聂家庄泥塑是产生、发展并成熟于聂家庄这个村落社会中的民间艺术。其主要产品有：

叫虎：又称泥老虎。老虎的双眉、头顶心、脖铃、虎足均为大红，胸花也用大红涮花，叶为群青，虎耳、纹样也用群青，黑眼、铃铛书白字，嘴无黑边，看起来没有后来的美观大方，虎腰中的苇哨为单向哨，推出有声拉回无声。聂家庄的叫虎共分成特号、1号、2号、3号、4号共5个品种，其中特号、1号当做"镇宅虎"卖，成对出售。

（二）摇猴：因为过去摇猴的接糊部位使用废羊皮的下角料封口，"摇猴"过去也称为"皮猴"，是历经市场考验的传统产品之一，其销售量仅次于叫虎。

（三）吧嗒孩：艺人也叫"吧吧棒"。吧嗒孩的结构比较复杂，其音响充

刘海戏金蟾

分运用了机械传动原理，皮鼓的发声原理，从而产生声响。其泥塑造型较简单，设色简洁，色块单纯，最初是由吧嗒蛙演变而来，颇似青蛙的叫声。受其影响和市场需求，聂家庄现在又诞生出吧嗒鸡、吧嗒猴、吧嗒蝉、吧嗒鱼等一些新型的泥塑品种。

（四）胖娃娃：也称"泥娃娃"或者"大胖孩"。这个作品源于民间的"拴孩"习俗，是过去聂家庄泥塑的主要产品。娃娃的面颊淡粉，大红兜肚上涮青白花，淡绿裤上勾白色纹样，上套三白园点小花，怀抱白底青花瓶，黑色双线白衣领，双腿均匀盘坐，底座短矮无色，黑发古兰头皮。整个娃娃造型古朴、雅丽，体现了过去聂家庄泥塑娃娃高超的绘制水平。

四、技艺特点

聂家庄泥塑最主要的原材料是土。无论是质地细密的红冈子土，还是粘性较差的黄土，都可以在村庄周边的田间地头轻易获得。不仅是土，其他的材料与工具也莫不如此。从骨胶、芦苇秆、化工颜料、有光纸、人造革，到脸盆、菜刀、毛笔、铁锅等全都可以由邻近的集市中很便宜地买到。

这种就地取材的做法决定了聂家庄泥塑物美价廉的特色，同时也保证了生

产的稳定性，使其不会因原材料或工具的缺乏而受到困扰。在聂家庄泥塑产生的早期，艺人们经济状况普遍不佳，如果不是采用诸如红冈子土这样的无需花钱的原材料，他们很可能连本钱也凑不齐。再者，只有用遍地都是的红冈子土做成的产品才能够以极低廉的价格出售，从而使大多数人都买得起，也才能扩大销量，赚取更多的利润。

聂家庄泥塑，其艺术价值和民俗价值无疑是非常高的，但就其制作工艺来讲，却又相对比较简单。除了原材料和工具全部是就地取材外，其工艺流程也并不复杂，而且制作的全过程占地面积小，不需要使用大型的设备。郭瑞智在《"三绝"之三的聂家庄泥塑》一文中记载了一首顺口溜，可以算是对此最好的概括：

一块泥巴一支笔，随心所欲来捏制。

一家老少都能搞，两天能换一斗米。

综观聂家庄泥塑的全部11道制作工序，除手塑有一定难度外，其余10道工序初学者经过较短时间就能掌握。产销量最大的几个泥塑系列和品种皆可模制，熟练艺人制出模具后，其他人依此翻模制作即可，完全可以跳过手塑这一工序。正因为工艺流程相对简单，才使聂家庄泥塑有着较高的生产效率，保证

聂希蔚泥塑作品《抱鱼孩》

第五章 传统美术

了在商品经济并不发达的年代即使以极低廉的价格出售产品也能获得不错的经济回报。不仅如此，工艺流程简单易学，还有另外一个好处，就是不必担心技艺失传。过去聂家庄的儿童从懂事起就开始随长辈学习制作泥塑，先从最简单的工序学起，经过几年的锻炼，一般十几岁就能独立进行生产。即使是水平不高者，靠着翻别人家的模具也能做出像样的产品，同样能够出售换钱。

聂家庄泥塑在最早的时候全部是非发声造型，与全国大部分地方的泥塑品种没有太大区别，有的研究资料称这类泥塑为静态泥塑。聂家庄的艺人为了在竞争中取得优势，想到了将产品由静态转化为动态的办法。他们用芦苇秆和纸制成哨子装到泥塑内部，利用空气的振动使其发出声响。这种巧妙的做法一经推出便受到顾客的欢迎，很短时间内就抢占了大部分的市场份额。

从全国范围来看，有一些地方也在生产发声泥塑，如临沂苍山泥哨、陕西凤翔泥叫、河南浚县泥咕咕、河北白沟泥哨等。以上几种发声泥塑虽然产地相距甚远，但它们都有一个共同特点，即发声方式单一，只能依靠人嘴来吹响，没有其他发声方式。

聂家庄泥塑在这一方面显然要更高一筹，虽然同样也是利用空气流通产生振动，但采用的方式却要丰富许多。拿"老三样"来说:叫虎是推拉发声，叫鸡是吹气发声，而摇猴是摇动发声。特别是叫虎和摇猴这样将泥塑分为两个部分制作，再用柔性材料连接的工艺是非常罕见的，起码在笔者所了解的范围内找不出其他的例子。更为难得的是，摇猴内部除了苇哨之外还装有弹簧，使泥塑上半部分在摇动时复位。一件简单的泥塑能够有如此复杂的结构并应用了如此之多的机械原理，而且成本竟然还如此低廉，这样奇妙的构思也只能用别出心裁来形容了。

五、聂家庄泥塑的工艺流程

聂家庄泥塑的制作工艺比较繁琐，为明了起见，我们以叫虎的制作过程作一介绍，叫虎的制作过程大致可分为十二个操作过程，取土、和泥、塑像、翻模、修模、制坯、虎嘴开孔、修坯、制哨、接糊、涂粉、着色十二个程序。

1.取土：取土是第一道工序，聂家庄泥塑利用了聂家庄周围一块特殊的资源，红冈子土生产了几百年，用之不尽，取之不竭。这种土土质精细无杂质。挖来家后，晒干，粉碎，罗细。

2.和泥：这道工序分（1）加水（2）拌泥（3）砸泥（4）踩泥四个程序。

（1）加水：把罗好的土加水闷润三至五天，使水与土充分滋润，内部无干土出现。

（2）拌泥：用铁锨将闷润的泥土多次反复搅拌，掺和、叠压。

（3）砸泥：用大镢或二叉钩反复砸叠拌过的泥。使内部的颗粒土砸碎砸匀。

（4）踩泥：脚上穿上双旧胶鞋，用脚由内向外用力踩碾开去，把所有的泥踩碾二至三遍。

3.塑像：在工作台上把老虎的型塑好（头部、尾部分两部分）并用它翻出原始模。

4.翻模：用原始模磕出叫虎的头部两部分，尾部两部分，然后把叫虎的脸面朝上，放在一块光滑的磁砖上。将石膏粉放入小盆内，加适量水，使其成稠粥状，然后倒入泥圈内，使其凝固五分钟后，抠出内中泥土，石膏模翻成。

5.修模：翻出的石膏模有翅、多余的部分，用刀具把它们刮去弄光滑，如发现模内线条有断点或不足处，用石膏浆补足凝固后修光滑。

6.制坯：把砸好的泥用手揉软待用，先把虎头面部模具撒上薄薄一层干土，再把泥压成厚饼状，填入面部模具，手指压实，磕出，再把头部另一半模具撒上一层干土，将厚泥饼填入模内压实磕出，注意圆腰中间要留出插哨孔，把头部两部分泥坯接粘在一起，用刀割齐两前足底部，再用同样方法磕出虎尾两部分并粘接好。这样老虎头部和尾部两部分泥坯全部完成。

7.修坯：用刀具刮去泥坯翅翅及切去多余泥块，并用专用铁管开通老虎嘴部两孔，检查虎腰插哨孔大小是否合适，修补好虎身的瑕疵。

8.裁皮子：把买来的大张人造革，裁成宽3公分到4公分的条子，长度15公分左右，皮革条子的宽窄和长度都根据老虎的大小来定，小虎皮革条就窄短，大虎条子就宽而长。

9.制哨：制哨是工艺流程中非常关键的一个环节。哨的粗细，长短，响膜的厚薄都直接影响到虎的发音，制哨大致分8个过程：

（1）选苇子：苇子的粗细，苇壁的厚薄，苇管的圆、扁都影响哨的声音。一般来说，应当选苇壁薄，苇管圆的苇子来做哨子。苇子的粗细根据虎的大小来定，大老虎要选粗苇子，小老虎要选细苇子。。

（2）选哨纸：哨纸是哨子的关键部件，哨纸的好坏，直接影响哨子的质量，一般应选取有一定挺度，韧性好，抗折叠的有光纸，此纸也不能太厚或太薄，太薄易吹倒不易挺起，太厚又不实，盖不紧斜面口，有光纸要先用剪刀裁成1公分宽的纸条后才能使用。

（3）节段：苇子选好后，用锋利的镰刀把它节成3公分长的段，通常艺人们把镰刀固定在凳子上，也有的把刀固定在桌子上。刀锋朝外侧，双手握住苇子杆沿刀锋转动削成段，这样不会把苇管压破，节得圆净利落。

（4）削荙：节好的苇管段，要在两头削成斜面方能使用，削斜面要快，利

胡三太爷

落，不留余渣，力争一次削成。斜度要适宜，不可太陡或太坡。同时用刀子割上茬口，以备夹响纸。

（5）透哨：节好的苇段（3公分长），用竹针或细铁钎将内管壁中的苇绒弄干净，使气流畅通。

（6）压纸：把裁好的有光纸条插入斜面中的茬口，一条有光纸条可连续插数个苇段，然后逐个剪开，注意纸条在茬口中要插紧压实，不能松动，以防脱出。

（7）剪哨纸：苇段的茬口压上哨纸后，用剪刀沿斜面外管壁剪掉外露多余部分。

（8）试哨：上述7个工序完成后，要把哨子放入口中试吹一下，声音清脆响亮者最佳，不响或声音沙哑，用力吹才响，都须取下查原因，是否纸条压不严斜面或苇段斜口削得不平等等。

10.接糊：接糊工序分两个步骤。

（1）按哨：先拿哨子插入虎头哨孔试一下松紧，因为泥孔一般都不会正好

聂希蔚泥塑作品《十六罗汉》

第五章　传统美术

与哨子的粗细相等，太大太小都不适宜，所以磕坯时泥坯穿此孔的竹签粗细事先都应当有所估计。按哨时，先用毛笔蘸一点胶涂在哨孔边缘。此胶内加入少许滑石粉，这样既稠又粘，哨插入后，干后自然牢固。

（2）接糊：把胶杯放在自制的煤油灯上，熬开后不易凝固，可长时间使用。胶中不加滑石粉。熬开后，用排笔竖刷在皮革一边条上（留一半条不刷），先粘贴虎的尾部圆腰部位，然后用笔蘸胶刷在圈起的另一半条子上，插入虎头圆腰处，用手按实粘紧。两部分连接在一起。接糊完成，皮革条的接头最后可用万能胶粘合以防开裂。

11.涂粉：也叫涂白。用400目以上的滑石粉，质细无杂质，即把接糊好的老虎泥坯，刷上滑石粉。方法是：按照比例称出骨胶，滑石粉，放于锅内，加适量水搅拌匀后，放在蜂窝炉上加热熬制，熬好后，用大号羊毛刷刷坯，刷的要均匀，锅内粉浆要厚薄适当，浆内无粉疙瘩，涂上方可光亮洁白。

12.着色：聂家庄艺人用的颜色多为酸性品色（加骨胶熬制后使用）。也用部分广告宣传色。先把品色加水加胶放入自制的温罐中，座在煤油灯上，边熬边加温。熬开胶后方可使用。因聂家庄地处扑灰年画产地的氛围中，老百姓对色彩的认识已经定型。所以，聂家庄人实行了"他为我用"的策略，扑灰艺人的涮笔，排线笔，以及润染法、磕花法、染道子等都被广泛地采用。方法是：排笔一侧蘸色，一侧蘸清水，染出的衣纹，由深至浅，自然大方。排线笔用来画动物的皮毛，效果也别具一格。自制磕花模也被直接搬来使用，衣服的纹饰，头饰的花纹等等，不用笔画，直接用磕花模既快又整齐美观，画老虎的眼睛更笑人，艺人取一段苇管，在苇管的一头塞进棉花，把棉花吸上墨，然后磕在坯上，眼睛就磕上了，再用细毛笔勾上上下眼皮，虎眼就栩栩如生了。另外，大红色块的地方，艺人们再用羊毛笔刷上一层黄色，红色更漂亮，色全部上完后，有些局部再涂上明油（松香加酒精混合后的液体），现在艺人们改用家具用的亮光漆效果更佳。油光透亮，美丽大方。大型的虎，艺人把虎耳沾上白兔毛，更显可爱。

六、传承与保护

　　高密聂家庄泥塑因其色彩鲜艳，形象逼真，造型种类多样而闻名于世，迄今已有400多年的历史，它不仅是民间文化的重要组成部分，也是中华民族传统文化精神与审美品格的重要载体之一。几百年来聂家庄泥塑艺人世世代代通过家族传承与师徒传承两种模式，不仅很好地传承了聂氏泥塑制作技艺，而且很好地传承和发扬了当地的历史文化传统与文化品格。聂家庄泥塑在漫长的历史长河中，不断适应社会变化而形成了自己独特的技艺流程与传承方式，创作出独具特色的泥塑作品。

　　谈起聂家庄泥塑今后的发展，国家级代表性传承人聂希蔚感慨地说："我现在年近古稀，还想以后多创作一些新作，力求在花样品种上创新，多出精品创名牌。给聂家庄泥塑留一些有用的资料，为宏扬聂家庄泥塑艺术奠定有力的基础，其二，把自己一生所学的技艺传给下一代，使聂家庄泥塑艺术有技可传，有人可授，为聂家庄培养一批乃至一大批德艺双馨的人材，使聂家庄后

聂家庄泥塑国家级代表性传承人聂希蔚（王金孝摄影）

继有人，使泥塑进一步发扬光大，源渊流长。其三，抓住上级政府部门给提供的大好时机，尽个人的所能团结一切可以团结的力量，把聂家庄泥塑事业推向一个新阶段、新高潮，逐步形成产业化，为国家、为个人创造更大的财富，以实际行动回报各级政府部门对我们的支持和帮助。"谈到当前聂家庄泥塑的现状，他说："从目前看，由于政府有关部门对聂家庄泥塑的大力支持和积极帮助，媒体的大力宣传，使聂家庄泥塑的知名度大大提高，了解聂家庄泥塑的人越来越多，因此，到聂家庄求购的人员也越来越多，泥塑产品的价格也成倍地增长，部分从业人员的收入也正在翻番。因此，聂家庄泥塑产业得到了快速健康的发展。当前，从作品的质量上来看，由于生产者从思想上的开放，能够虚心地吸收别人的长处，弥补自己的不足，使聂家庄泥塑从造型上、色彩上、声响上，都得到了大幅度的发展和进步，泥塑的造型，在传统的基础上更概括更夸张，色彩上更鲜艳，叫声上更响亮，香土气息浓厚。由于政府的大力支持，现在已经逐步形成了泥塑品产业化。"

聂家庄泥塑从1976年开始挖掘、整理、恢复，到2008年被列入国家级非物质文化遗产名录至今，整整经历了三十多年的漫长岁月。期间由于各级政府领导的大力支持，文化部门业务干部的积极努力，聂家庄新老艺人的积极协作，使得聂家庄泥塑以其特有的艺术魅力，成为全国民间泥塑花园中的奇葩，并获得了极高的荣誉。对于聂家庄泥塑来说，下一步最好的保护方式去尊重其文化自身的发展规律，同时，传承不仅是原生态的，也包括更具持久意义的教育传承方式。最重要的方法之一，即使民间传统文化教育、民俗审美教育、和与之相关的传统文化观念教育进入小学、中学、甚至大学，推动聂家庄泥塑等民间文化资源进入教育体系，借助正规教育的资源和优势，更加有助于聂家庄泥塑等民间文化传统的传承与维系。使聂家庄泥塑以其独有的魅力，焕发出更加旺盛的勃勃生机。

山东高密

年画林中绽放的又一朵奇葩——高密半印半画年画

高密半印半画是以刻版印线稿、再进行手工填绘的一种民间画种。所刻线版大多沿用扑灰年画原手描图样刻成，取代了扑灰年画当中的"扑灰"、"勾线"等工序，填绘与扑灰年画的画法大同小异，它摆脱了纯手工绘制的约束，大大提高了年画的生产效率。高密半印半画的关键在于刻线版，好的线版看上去刻工精细，线条疏密相宜，刚中有柔。由于线版简化了纯手绘年画的难度，从而拓宽了作品的题材面，其表现技巧和生产数量是扑灰年画难以企及的。

一、概述

清嘉庆、道光年间，高密年画进入了一个新的发展时期，出现了半印半画年画。据传，当时天津杨柳青画店刻板的店小胡三，因生计所迫，从杨柳青辗转到高密李家庄，投靠在"增顺"胡玉显门下，胡三师从胡玉显后，融会贯能，很快把杨柳青年画的长处揉进了扑灰年画中，形成了高密半印半画制作技术，摆脱了纯手工绘制约束，大大提高了年画生产效率，也促进了刻版业的发展。

到清中叶，全国出现"太平盛世"，半印半画也发展到了它的成熟期，这时期涌现出了许多颇具规模的画子店，如：增盛、立兴、齐万顺、吕记画庄。画子店的开张，引来了大批画子客，特别是秋冬季节，他们争相贩运，半印半画远销崂山、临沂、海阳、江苏、东北、内蒙等地。该时期的年画题材品种也丰富多样，不断创新，风格迥异，许多艺人还兼作扑灰年画和木版年画。高密扑灰年画和半印半画年画相互渗透，互为促进，共同发展，迎来了高密年画领域的鼎盛时期。到清朝末年，北村的"同顺堂"、"余庆堂"、"齐万顺"等画店，为了提高经济效益，又在扑灰年画，半印半画的基础上，发展了全色套印方法，即木版年画。

新中国成立后，随着农业生产合作社的建立，高密年画作为一个地方的副业项目，又重新起步，主要有集体生产、出售，1955年，姜庄镇的齐立贵、李兆禄等人被山东省民间艺术协会吸收为会员。直到党的十一届三中全会召开后，党和政府对民间艺术进行了新的定位和重视，加之人民群众对物质文明和

第五章 传统美术

精神文化生活的需要，高密文化部门根据上级指示精神，开始了对民间年画进行挖掘、抢救、整理工作，姜庄镇党委、政府还组织有关人员，将年画编印成教材，供在校学生学习，为传承地方历史文化做出了积极贡献。

二、题材

高密半印半画年画所表现的题材范围非常宽泛，不仅仅拘限于日常生活的人和事，而且包括了神像类、老婆孩子类、戏曲人物类、人物传说类、山水花卉类等多种题材。它的基本内容包括：门神；窗顶、窗旁；桌围子；大挂子；炕头画；轴子；配轴，神像，桌子头等。

高密半印半画年画在历经几百年的兴衰变迁发展中，形成了自己独特的工艺和艺术特点，一代又一代的年画传人生生不息，在风雨坎坷中，传承着这一古老的历史文化，从大约清中期到民国晚期，半印半画的历史店铺主要分布在姜庄棉花屯、李家庄、范家庄、王家坂子；夏庄镇的任家村、朱家村、十里堡、栾家官庄；河崖镇的东风村一带。

鱼鳞贵子（清代）

半印半画年画作品《年年有余》

建国后，特别是党的十一届三中全会后，在高密市委、市政府及文化部门和当地镇委镇政府的培育支持下，民间作坊不断扩展，民间艺人队伍不断扩大，目前，姜庄镇已从解放前的三个生产村发展到现在姜庄村、北高家庄、东范家庄、赵家圈等16个生产村；夏庄镇从解放前的4个生产村发展到现在的仪家村、张家官庄、王家官庄等10个生产村；河崖镇从解放前的1个生产村发展到现在孙家口、西前岭等5个生产村；另外，柏城镇也有零散民间作坊。

三、传承

在半印半画年画的传承过程中，民间艺人们做出了不可磨灭的贡献，他们是王锡山、齐立坤、宋宏元、张丕云、李文举、胡锡浚、王秀贵、别世杰、王兆章、王荣华、张永业等等。这些民间艺人们，有的仍继续从事年画创作，有的因身体原因只能带带徒弟了，他们是高密半印半画艺术的宝贵财富。

高密半印半画年画省级代表性传承人别世杰

半印半画年画的现有传人中40岁—60岁的中年画师约占民间艺人的70%，他们成为高密年画的传承者，其中具有代表性的传人有吕蓁立、王树花、别世杰、王俊波、齐传新、王广宝、王广仁、李连忠、胡鸿书、石建庭、郭瑞智、唐宝坤、胡宝森等等，这些各派传人，在年画创作中，独具匠心，作品异彩纷呈，把高密年画生产推向了一个新的发展时期。

四、艺术特征

高密半印半画年画在艺术特征上有独到之处：从造型上看，一是追求尽善尽美，画面人物完整；二是用隐喻象征手法如用飞舞的蝙蝠隐喻"福在眼前"，用石榴隐喻多子多贵，这种作品画中有意；三是主要人物突出，次要人物较小、在画面上大小对比强烈；四是以少喻多，虚实远近的情状，在画面上都清清楚楚。

山东高密

　　高密半印半画年画是以刻版印线稿、再进行手工填绘的一种民间画种。所刻线版大多沿用扑灰年画原手描图样刻成，取代了扑灰年画当中的"扑灰"、"勾线"等工序，填绘与扑灰年画的画法大同小异，它摆脱了纯手工绘制的约束，大大提高了年画的生产效率。高密半印半画的关键在于刻线版，好的线版看上去刻工精细，线条疏密相宜，刚中有柔。由于线版简化了纯手绘年画的难度，从而拓宽了作品的题材面，其表现技巧和生产数量是扑灰年画难以企及的。

　　半印半画年画已伴随着高密人民走过了300多个年头，在风风雨雨的发展过程中，它不仅是劳动人民谋生的手段，也成为人民群众精神文化生活中不可缺少的精神食粮，它体现了劳动人民创造生活的智慧和向往美好生活的愿望，又是对外广泛联系交际扩大贸易增强民间文化交流的重要载体，同时，它也见证了劳动人民在长期的生产生活中所创造的艺术价值和艺术生命力，受到了人民群众的普遍喜爱，并引起了国内外美术界的高度重视。作品被中国美术馆、山

别世杰作品《门神》

第五章　传统美术

东省美术馆收藏，被天津美术院校作为辅助教材。2009年，高密半印半画年画被列入山东省级非物质文化遗产名录。近年来，中央电视台、台湾电视台、山东电视台、潍坊电视台先后将扑灰年画拍成电视专题片在国内外播放，使半印半画年画走向了世界。

线条独特优美——高密木版年画

　　高密木版年画历史悠久，它是在扑灰年画、半印半画基础上发展起来的画种，与扑灰年画有割不断的血缘关系，在长期的发展过程中，它与扑灰年画相互依存，相伴相长。2012年，被列入潍坊市级非物质文化遗产名录。

一、概述

　　高密木版年画，古称"门神"、"纸码"由来已久，它是由古代"桃符"演变为北宋兴起的雕板门画而来，系迎新消灾之用物。

高密木版年画作品

　　大约在1810年左右，即清朝嘉庆十几年间，由于扑灰年画的制作工艺缓慢，生产效率低，根据市场需求，艺人们开始探索新的能提高生产效率的工艺。当时有个在天津杨柳青画店刻版的胡殿邦（胡三），因生计所迫，来到高密李家庄，投奔到艺人胡玉显门下，师从胡家。他刻苦钻研，融会贯通，逐步形成了高密半印半画年画的制作技术，在相当程度上摆脱了手工绘制的约束，大大提高了年画的生产效率，也促进了刻版业的发展。

随着刻版技术相传和刻版技艺的日益娴熟，半印半画年画形式逐渐从李家庄扩展到北村、公婆庙（今名"东风"村）、十里堡、城子、甄家屯、范家庄等许多村庄，达到相当繁荣的程度。

清朝末年，北村"同顺堂"、"万聚"、"齐万顺"等画子店为了提高经济效益，努力提高年画技艺，在扑灰年画、半印半画的基础上，又发展了全色套印方法，即木版年画。木版年画，其线条挺拔简练，题材以桌围、灶马、窗顶、窗旁、门神、增福财神"黄财神"（不上颜色的财神）等居多。为了年画经营，这些年画艺人动了不少脑筋，推进了木版年画的繁荣昌盛。"齐万顺"后人齐继忠为了扩大年画市场，曾跑到胶县方子街"栈庄"（现开门头卖画）卖年画，打破了地域界限。接着，"顺德永"、"瑞盛和"、"瑞盛祥"等年画艺人也分别去胶县、崂山沙子口、日照、东北等地"栈庄"推销。这一时期，琳琅满目的木版年画，走进了千家万户。

民国初年，高密年画的兴隆情况达到了高潮，姜庄东城子王增盛在继承祖上画业基础上，创建了当时最大的"隆顺永"画店，盖了十八间房子，东边有厢房，西边还盖了二层小楼（用泥打的）。"三盛永"的张世珍兄弟俩为了扩大生意去了营口开店，在营口生意更好，雇了很多人，东风村的老百姓都是奔着他去的。张荣耀又会画、又会刻，雇给"三盛永"，工资"一个顶三"。这时期高密年画大都销往东北三省、山东半岛、胶县、胶南、崂山、平度、招远、海阳、乳山等等。

20世纪50年代，高密年画的生产有所起步，由单干到有组织的生产，其经营方式主要三种：1.农业社投资为副业生产；2.互助组投资为副业生产；3.单户联营的年画组凑集股金集中生产。这时，东风村、李家庄、棉花屯、北村、城子、范家庄、高家庄、李家长村、东前岭、孙家口等村先后建立了一些年画作坊，由大队干部负责，集体生产、出售。高密年画再度兴隆起来，产品销到东风村、夏庄、胶州、胶南，远的销到东北三省等。当时，主要用马车拉着年画到高密城火车站发货。

这一时期，高密年画虽然不容乐观，但也取得了一定的成绩。1955年10月

21日，山东省人民委员会下达了"关于对本省木版年画业进行社会主义改造的通知"后，县上遂抽调文化馆、书店干部组成工作组，深入生产年画乡宣传贯彻省人委的通知精神，并整理、审查版样内容，送交省文化局审批。然后将省批复的版样移交税务部门存档并收取税金。全县经省文化局批准保留印刷的样品有234种，停止印刷、改版49种。

文化大革命期间，大量的年画及老版被烧，直到中国共产党第十一届三中全会召开以后，由于党和政府对民间艺术的重视，以及人民群众对物质文明和精神文明需要的不断提高，高密年画又重新恢复了生机。当时，高密文化馆按照上级指示，重新开始对民间年画进行挖掘、抢救、整理工作。1984年6月，有20件扑灰年画及部分半印半画和木版年画，在首都博物馆举办了"山东省高密县民间艺术展览"，受到首都观众及国内外专家的高度评价。1998年，国家外事局、西安电影制片厂选取高密扑灰年画等5种作品，制作《中国年画》影片，在世界100多个国家大使馆展播。1999年9月，由高密市文化局主编的《高密民间艺术三绝精品选》一书出版，受到广泛好评。

二、工艺流程

木版年画的制作过程，简单说就是刻版套色印刷的过程，它和半印半画不同的是，木版年画是多色套印，多则六色，少则四色。木版都采用双面刻，每一面的图案所套印的颜色，都是固定的一种，套色先深后浅，按顺序套印。主要有以下几个步骤：

一、起稿。用柳枝炭条代替画笔，在纸上勾划出轮廓，画出灰稿。样稿大多采用扑灰年画原手描图样。

二、刻版。将画好的灰稿反贴在选好的梨木板上，浆糊薄而匀，画稿要贴得平而无皱。待画稿干后，便可进行雕刻线版，线版用刻刀多采用"开心法"、反正刀等技法刻制，要求线条挺拔流畅、疏密相宜，刚中有柔。刻完后再用裁刀加深线条，以便使线版经久耐用。

三、印制。

一是先把木版用"蜡垫子"固定在案子的一端，再把纸（靠近木版的一

中国民间文艺之乡

边）用压杠固定在案子另一端，一次可压500张。纸与木版之间有个长方形漏孔，艺人称"案口"，它可以把印完的纸放下去，以便再印下一张。

二是用"点子"从调色罐里蘸适量的颜色，平放在大盘内，然后用"把子"蘸"点子"上的颜色，均匀的涂在木版上。

三是木版涂上颜色后，把纸掀过来，铺在木版上，随后用"搪子"在纸面上均衡而迅速的压扫一遍。印完一张，将纸顺着"案口"放下去，再铺纸继续印下一张。直到案子上的纸印完，再换版印另一种颜色。经过4到6色的印制，一幅多姿多彩的木版年画就印制完成了。

木版年画传承人王兆章精心印制

高密木版年画主要使用刻刀、案子、把子、搪子、纸及各种颜料，以红、黄、绿、紫、黑等颜色为主色颜料。

主要作品有：蝠（福）在眼前、财神进门、龙王、门神、门童、利市仙官、五路进财、钱垛万贯、刘海戏金蟾、五子同乐、福寿双全、渔家乐、三元有福、双喜临门、富贵寿考、六合同春、当朝一品、五福临门、镇宅英、桃献千年寿、荣华富贵、吉庆有余、吉庆如意、窗花等。

三、传承谱系

高密木版年画在历经几百年的兴衰变迁发展中，形成了自己独特的工艺和艺术特点，一代又一代的年画传人生生不息，在风雨坎坷中，传承着这一古老的历史文化，从大约清中期到民国晚期，高密木版年画的历史店铺主要分布在姜庄棉花屯、李家庄、范家庄；夏庄镇的任家村、朱家村、十里堡、栾家官庄；河崖镇

的东风村一带。其主要传承谱系为姜庄镇的李家庄和夏庄镇的北村。

高密刻板艺人齐传新在制作年画版

姜庄镇李家庄传承谱系：

第一代：胡殿邦，清乾隆年间生人（具体生卒年不详）。

　　　　胡庭瑶，高密市姜庄镇李家庄村人。

第二代：胡锡淇（1882—1964），字文泉，高密市姜庄镇李家庄村人，

第三代：李文斗（1895—1978）高密市姜庄镇李家庄村人

第四代：李思荣（1928—2001），生前为当地有名的刻版艺人。

第五代：李连忠（1952—　），务农之余，仍以雕刻画版为业。

夏庄镇北村传承谱系：

第一代：齐光顺（1853—1938）最早为扑灰年画艺人，后习学刻版。

第二代：齐继顺（1879—1955）自小跟父亲学习刻版技艺。

第三代：齐立三（1900.2—1974.6）上世纪高密北乡有名的木版年画刻版大师。

第四代：齐永德（1922.5—2008.11）掌管"顺兴齐记"画店，使该店达到鼎盛时期。

第五代：齐传新，（1956.10—）夏庄镇李家村（北村）古版雕刻传人，目前木版年画界仅有的几位刻版传人之一。

第六代：齐鹏（1985.2—）已能独立刻制各种题材的画版。

"顺兴齐记"画店齐传新，继承了祖传的刻版技艺，所刻线版精致新奇，富有创造性，他从事刻版三十多年来，创作的作品数不胜数。仅近五年来，就为东北、新疆、北京、苏州等地刻了二十多本古籍书的人物画版约计744块之多，成为远近闻名的刻版大师，作品销往全国各地及海外，他个人收藏传统精品版300块左右。目前，他是高密乃至山东半岛技术最高、质量最好、品种最多、销路最广的专业刻版店铺之一。

"新泰木板年画店"王兆章先生，他在民间艺术的挖掘、抢救、整理工作中，为高密民间艺术的传承发展作出了很大贡献，被中国工艺美术学会授予保护民间艺术特殊贡献奖。他的高密新泰木版年画店，自上世纪八十年代以来，手拓印制了《明清原版木版年画线刻精选》、《山东高密木版年画》画册，内容丰富、题材广泛、有年俗、婚俗、四大名著、寓言故事、民间传说、戏曲人物、鱼鸟花卉等，作品图案拙朴典雅、线条匀称挺拔有力，人物形态惟求神似，色彩鲜艳明快，无矫揉造作之态，深得工笔画意之神，构成了独具匠心的美学风格，体现出了高密木版年画的形态和神韵，多次参加全国性民间艺术展览，已被中外专家、收藏家和有关博物馆收藏。现市场上有几十种作品销售，深受人们喜爱。

高密年画的古版雕刻历史悠久，可追溯到明朝中期。但当时由于盛行扑灰年画，木版年画品种只局限在"增福财神"、"灶王爷"、"窗花"等年俗作品。至清中后期的嘉庆年间，大约在1805年左右，高密木版进入了一个新的发展时期，即半印半画和木版年画时期。逐步把扑灰年画发展成半印半画，以刻版印线稿，再进行手绘为主要技术的半印半画制作技术，在相当程度上摆脱了纯手工绘制的约束，大大提高了年画的生产效率，并以此带动了木版雕刻品种的创新和发展，打破了木版雕刻品种的单一局面。之后，《天女散花》、《八

仙图》、《三国人物》、《红楼人物》、《水浒人物》、《胖娃娃》等木版雕刻年画应运而生，既增强了作品的生活气息，又丰富了年画的品种，从而把高密木版年画的生产推向了一个新阶段。

可惜的是，经过"文化大革命"和"破四旧"的灾难，约二百余套、三、四万块珍贵的古版雕刻作品被无情的焚毁，几近绝迹。散落在民间的古版已很少，上世纪八十年代，西王家城子人王兆章，东跑西颠，四处奔波，走遍了高密东北乡几十个村庄，收集了100余种600多块幸存的珍贵古版，成为现存古版最多、品种最全的古版年画作坊。此外，高密市文化馆、博物馆也收藏有一定数量的年画古版，加上现散落在民间作坊、艺人手中的一部分，目前，高密现有古版130余种，近三千块。

四、题材与艺术魅力

从现存的古版中，可以看出明清时期年画作品的形态和神韵、绘画和雕刻艺术上的魅力，内容上的丰富多彩，从中展现出山东半岛地区的民风、民俗及民间悠久的传统绘画艺术，展现了劳动人民的理想和对美与爱的向往，也充分体现了高密劳动人民的智慧。这些古版可划分为年俗、婚俗、民间故事和传统戏曲。三大部分的主要内容都各有寓意。

（一）年俗部分：有蝠（福）在眼前、财神进门、龙王、门神、门童、利市仙官、五路进财、钱垛万贯、刘海戏金蟾、五子同乐、福寿双全、渔家乐、三元有福、双喜临门、富贵寿考、六合同春、当朝一品、五福临门、镇宅英、桃献千年寿、荣华富贵、吉庆有余、吉庆如意、窗花等。勤劳朴实的劳动人民过大年家家都挂上年画，以求一年之中祖灵保佑，除灾免祸，以图发财得福、连年有余、子孙健旺、辞旧迎新、大吉大利之意。

（二）婚俗部分：有麒麟送子、仙鸡送子、地产凤凰孙、胖娃娃、富贵满堂、凤凰戏牡丹、榴开百子图、桂阁产凤凰、母子打渔在江边、贵子吊鱼、子壮如虎、贵子登科、望子成龙、花能解语、莲生贵子、金哥拜花堂、喜报三元、龙凤呈祥等。有喜结良缘、百福并至、喜生贵子之寓意。

高密木版年画老样子

　　（三）民间故事、传统戏曲部分：有存孝打虎、三娘教子、镖打猛虎、芦府招亲、杨门女将、前庭招亲、黄香扇枕、小唐得仙、老鼠招亲、甘露寺、杨令公、朝天岭、空城计、回荆州、三英战吕布、连环寨、水泊梁山、二十四孝、晋朝王祥报孝、诸葛亮、四郎探母、穆桂英登台点将、大辽国纳壁称臣、董永尽孝心、前庭拜见、唐王征东、秦英征西、大战长坂坡等等。以此使广大民众赶有先贤榜样，学有民族英雄，引导默化人们敬老爱幼，树立良好的社会道德之风。寓意深刻、千古垂范。

　　高密木版年画原材料挑选严格，用料考究；所刻线版题材广泛，富有创造性；版面设计合理，精致新奇；人物形象逼真，喜怒哀乐尽如人意，画面饱满，表达完美；刀法匀称有力，线条酣畅，毫无矫揉造作之感。一是装饰性的艺术特色很强，构图饱满紧凑，布局严密合理，人物造型主次分明，线条匀称有力豪放；二是人物形象以夸张手法表现，看其面知其人物性格，用色上以人物的特征而着色，色彩艳丽夺目，以红、绿、黄、紫、粉为主的对比色；三是人物以神像、妇女儿童为主，形象丰满古朴，表情安祥俊秀，令人生尊重爱怜之意；四是题材广泛，内容丰富，已达130多种，主要反映社会民俗、传统文化、历史传说、群众理想生活等方面。

柔而不燥、敲之欲鸣——高密黑陶

　　黑陶,起源于新石器时代,新石器时代是考古学分期中石器时代的晚期阶段,是原始氏族公社的繁荣兴旺时期。中国已发现的新石器时代的人类文化,最著名的有仰韶文化、龙山文化等,而黑陶就是著名的龙山文化,也称黑陶文化,是新石器时代晚期的一种文化,距今已有4000多年的历史。1928年,在山东历城龙山镇首次发现,故名龙山文化,它一经发现,便被史学家称之为原始文化中的艺术瑰宝。2014年被列入潍坊市级非物质文化遗产名录。

刘存志黑陶作品《蛋壳陶》

一、概述

　　黑陶艺品,是中华民族古老的文化遗产,是人类文明与智慧的标志,是社会进步与发展的象征。在漫长曲折的历史进程中,这一传统的古文化不断得到继承和发展。它是集造型、书画、雕刻、塑像、烧制等艺术于一体的工艺品,体现了民族民间文化的历史价值和丰富的艺术创造力。高密民间艺术家刘存志夫妇，在高密制陶工艺的基础上，历经数十年的挖掘与研究，使这一古老的传统艺术品，成为高密靓丽的民艺之花，并形成了自己的艺术风格。它造型古朴典雅、美观别致，色泽自然烧制而成，完全达到了古黑陶艺品"黑如漆、亮如镜、硬如瓷、声如铮"的上乘品质，被人们推崇为高档礼品馈赠与收藏。

黑陶的制作工艺要求很细，每道工序都要耐心细致，精益求精，否则，其产品将是一件废品。它的制作工艺与土陶有相似之处，但比土陶更要细致精到。大体工序如下：采用黄河优质胶泥为原料，经多次筛选，反复淘洗，使泥土细如面粉，放在嘴里都不再牙碜。和成泥巴后，经揉捏如面团般柔软富有弹性，之后，用手工技法，拉坯、轮制，形成各种产品造型的泥坯，再在泥坯上进行一系列的雕刻、镂空、画、刮、压磨、上光等，最后将制成完好的型坯，经一段时间的凉干后，装入土窑。经慢火焙烧、高温渗碳等方法，一般烧制一天一夜即可。一件作品从和泥到烧制出窑成功，大约需十几道工序。

黑陶，顾名思义颜色为亮光光的黑色，也可根据需要烧制红色作品，红色一般采用自然出窑法，作品显得纯朴，接近自然陶器。而黑色则需经采用高温渗碳法，使之在自然美观的基础上，显得高贵、典雅而又有神秘感，成为陶制品中的上品。

高密存志陶艺社的创始人刘存志夫妇，挖掘、加工的仿古瓶、杯、尊、爵、鼎、罐、香炉、文房四宝等各类精品，达一百七十多个品种，其中极品蛋壳陶，壁厚不过0.3厘米，最薄者0.1厘米左右，掂之轻若纸物，实属令人爱不释手的艺术精品。而采用传统手工仿古雕刻的浮雕、透雕罐、龙凤呈祥瓶、香薰、仙人球、大鼎等作品，则达到了炉火纯青、足以乱真的艺术效果。

目前，高密存志陶艺社规模较大，也是高密黑陶最早的发源地和生产基地，能生产各种各样的黑陶、彩陶花瓶、仿古造型瓶、罐、鼎、办公套件等一百多个品种，作品在国内外颇受欢迎。近年来，山东、潍坊等多家报社、电视台都作过报道，作品多次参加省、市各级文化艺术展览会。许多作品被专家学者及民艺爱好者收藏，同时，被许多文博单位收藏。

高密黑陶产品远销全国各地，特别是香港、日本、韩国等客商，对该产品情有独钟。它已成为点缀人们生活的高雅艺术品，体现着拥有者的尊贵气派和

高层生活质量，给人一种精神上的满足和愉悦，更以其特有的历史价值和艺术价值，越来越受到人们的喜爱，作为一种古老的文化艺术，它将在继承和发展中，放射出更加别样的璀灿光华。

千百年来，黑陶艺品一直被推崇为高档礼品用于馈赠与收藏，它具有很高的历史价值和美学价值受到人们的衷爱。高密黑陶秉承原有黑陶工艺基础上不断创新，终于使这一古老艺术大放异彩。

二、工艺流程

高密黑陶的制作工序要求非常严格，每道工序都要求耐心细致，精益求精。从取土到完成大约需要十几道工序，非常的复杂。其工艺流程为：

取土——高密黑陶采用沉积河道内多年的淤泥作原料，取土时要先将河床表面挖去地表1米以上的表层土，然后才是所需要的制陶黏土。

晾泥——取回黏土后置于干净平整的硬质地面上，将颗粒拍打均匀，然后摊平晾干晒透。

沥泥——沥泥需要提前垒好过滤池，将干透了的泥土放入过滤池加入清水然后进行充分搅拌，使结块泥团融化，稀释程度要能确保泥浆的顺畅流动。然后准备一个泥筛，将原泥中的杂质滤出。沥出的泥浆需保证爽滑均匀、干净细腻。一般等其沉淀一周，多余的水分被蒸发后，剩余部分就是沥出的成熟陶泥了。沥出的成泥可分切成块，全部取出存放入泥库中，以便待用。

揉泥——在制坯前先将陶泥从泥库中取出一定的量，置于操作台上，反复进行揉压。揉压时，要以螺旋状的旋转走势，逐渐将里外轮翻滚动，这样做既可以将陶泥揉匀、揉熟，又可以将泥中遗留的细微杂质进一步进行分拣，使陶泥的品质更加纯正。正确的揉泥方法，会使陶泥呈现出像贝壳一样的螺旋状揉压纹形，手感绵软、柔和、细腻光滑。最后将陶泥揉摔成圆柱状放好待用即可。

拉坯——拉坯成形是陶器制作的重要环节之一。将拉坯机转动起来，将盘面擦拭少量的水，然后用钢丝线切割适量陶泥并用力固定在盘面中心位置，双手合力密切配合使陶泥的雏形呈现出一个碗状造型。接着从底部的中心位置向外均匀赶压，根据器形的大小，双手里应外合反复的进行调整。调整过程中要

刘存志黑陶作品《时来运转》

随时加入少量清水，使双手和坯体始终保持湿滑状态，这样便于操作器形基本成形后，用刮板将底部清理干净，使器形表面垂直光洁。最后钢丝线紧贴盘面划过，将坯体与盘面分离，这样一个器形基本就完成了。

修坯——制作好的坯体在阴凉干燥处放置两到三天，晾到三成干即可进行修坯。首先，用湿海绵在盘面上擦拭少量清水，然后将晾干的坯体放置在转盘的中心位置，用修坯刀由外到内由上到下一次修完整个坯体。修坯过程中拿刀一定要稳固，用力要均匀，顺着坯体的表面曲线缓缓移动，刮掉一层层表皮的泥层，随着坯体各部位造型的不同随时变换不同的刀型，最后用磨光工具做初步的磨光处理，并对腰线和底部花纹进行初步绘制，然后进入下一道工序。

雕绘磨光——这道工序是在坯体表面按照设计绘制图案花纹。首先用绘画工具在坯体上压出花瓣、花蕊、花茎、花叶等图案花纹，画出花朵等的造型，绘画时巧妙利用各种工具口径大小不同的圆口弧度来绘制花纹，既简单快捷，效果也好。绘制完成后用特制的刻刀将需要镂空雕刻的地方一一雕刻出来。下刀时需胸有成竹，用力均匀、干净利落一气呵成。然后就是做最后的磨光处理。将整个坯体尤其是刻刀雕刻时留下的锯齿状雕痕，做通体的磨光处理，使整个坯体更加光滑润泽，以赋予其更加强烈的光泽感。

阴干——把完成后的陶坯摆放在阴凉干燥处关好门窗，使其自然晾干避免风吹日晒。放置一段时间，待坯体的颜色发黄发白坯体内的水分彻底蒸发完全晾干后即可。

入窑烧制——将烧制的陶坯从火膛口送入窑内并摆放妥当，坯体间的距离约为5~10厘米左右，然后准备生火。先将足够的引火柴放入火膛点火引燃，趁着炉火旺盛的时候加入少量煤，窑内温度达到400度左右，8个小时以后加大火力，使窑内温度升至850~900度的高温。此时的坯体会由黄变红，5个小时以后，盖上窑口盖住窑盖四周，将火膛也砌满砖墙使其完全封闭。为了达到最佳的密封效果，再抹一层填缝泥并刷上泥浆，使窑室的炉火与空气完全隔绝。此时窑内的温度保持在900度左右，并产生大量浓重的黑色烟气，再经过10个小时左右熏烧，烟气中的碳分子就会慢慢渗透进入陶坯体内，使坯体从内到外变成了通体的乌黑。这便是熏烟渗碳法。黑陶正是利用这种特殊的烧制方法，形成永不掉色的天然黑。这是与其他陶品烧制时最为关键的区别所在。10小时后待炉火完全熄灭，窑内温度降至常温并逐渐冷却，就可以将封闭墙拆掉了。此

《意到形随》高密黑陶传承人刘存志

时，打开窑口，将烧制好的陶器取出就可以了。

出窑擦拭——烧制好的陶器从窑中取出后表面会附满窑灰。用干抹布将每个陶品通体擦一遍，然后用鞋刷和笔刷将细小的雕纹缝隙再刷一遍，最后呈现给我们的就是光亮乌黑的黑陶成品了。

三、艺术特点

黑陶是古老的文化遗产，是人类文明与智慧的标志，是社会进步与发展的象征。诞生在著名的民间艺术之乡的高密黑陶，应用高密扑灰年画表现手法和剪纸传统技艺开发出来的民间艺术，更加有着自己独特的艺术魅力。

首先是色。高密黑陶封窑烟熏的渗炭烧制方法使器表呈现出深黑色的光泽。出窑后的黑陶在强烈的光照下，常常呈现出一种黑中泛兰透紫、微妙融汇、互相渗闪的光泽。高密黑陶柔而不燥，妙趣横生，有敲之欲鸣的金属感。其中有一种薄胎黑陶，漆黑乌亮，薄如蛋壳，称蛋壳陶，代表着这一类型陶器的杰出成就，具有很高的民间工艺价值。

其次是型。高密黑陶在造型上不落俗套，大胆跳出了几千年单层拉型成坯传统技法，创造性的拉出一底双层合口成型。坯型表面处理技巧是通体镂空，阴刻、画线和压花的结合手法，玲珑剔透又不失浓烈的乡土味道，与高密民间剪纸有异曲同工之妙。高密黑陶来源于民间，来源于生活，把生活中常用的器物经过艺术加工变型，成为欣赏适用的形体。比如"钵"就是农村

黑陶工艺流程之雕刻

农民装"旱烟"的罐子的变型；瓶是过去盛香的筒演变过来的；"大形笔筒"是由夏季农民送水用的水罐转化的。正是不断汲取这些生活中的养料，高密黑陶的生产一直有着顽强的生命力。

第三是雕。高密黑陶雕镂娴熟、线条流畅，把透雕、浮雕、压花、划画的纹饰所形成的孔与孔之间的组合处理的错落不乱，孔眼均匀，形成纲眼式布局。焙烧后，雕镂的孔洞与表面的亮度反差结合到一起，形成一个统一的完整艺术形体。

刘存志黑陶作品《铜匜》

第四是纹。高密黑陶装饰纹样结构严紧，题材精炼，取法自然，装饰手法互相补充、衬托，搭配相得益彰。松竹梅菊，鸟蝶鱼虫等纹样生动活泼，情趣盎然，既形简又意态动人，既粗犷又传神，是继高密扑灰年画、剪纸、泥塑等之后的又一全新高密工艺精品，体现了高密独特的人文风俗习惯和民间审美情趣。

目前，高密烧制黑陶的业户主要有刘存志夫妇的存志陶艺社和刘金波的黑陶。其中存志陶艺社规模较大，也是高密黑陶最早的发源地和生产基地，能生产各种各样的黑陶、彩陶花瓶，仿古造型瓶、罐、鼎、办公套件等一百多个品种，作品在国内外颇受欢迎。近年来，山东、潍坊等多家报社、电视台都作过报道，作品多次参加省、市各级文化艺术展览会。然而高密黑陶制作工艺非常复杂，所需要的体力也较重。从整体上来讲，高密黑陶虽然非常受人喜爱，但能够制作如此精美的制作黑陶的人员已越来越少了，并呈逐年下降的趋势，真正能掌握全部工艺的传人已经变得屈指可数。如果再不及时抢救，也许就有失传的危险。

四、传承与保护

鉴于高密黑陶传统制作工艺目前的濒危状态，我们准备加大对高密黑陶的保护力度。首先，在对"高密黑陶"加大管理的基础上，建立档案，保存活动资料。其次，对制作技艺和制作黑陶器械等进行充实和更新。并利用录像、拍照片，收集相关资料将高密黑陶的完整制作流程保存下来。第三，成立黑陶传习所，培养新生力量，让高密黑陶后继有人。第四，在汇集、研究的基础上，建立一个挖掘、交流、展示和传承于一体的保护机构，恢复其勃勃生机的同时，打造文化品牌，编辑出版图文并茂的《高密黑陶》书籍，让越来越多的认识和了解高密黑陶这一精美的民间工艺。

高密黑陶——香薰

浑厚有力、质朴简洁——高密石雕

石雕是指用石头作为雕刻材料，制作成石像、图案等等。石雕的历史是艺术的历史，也是文化内涵丰富的历史，更是形象生动而又实在的人类历史。2014年，高密石雕被列入潍坊市级非物质文化遗产名录。

一、概述

高密石雕艺术历史悠久。根据出土文物，最早可追溯到两千多年前的西汉时期。只现存高密博物馆珍藏的各种类型的汉画像石就有54块。这些千姿百态惟妙惟肖的汉画像石内容广博，画像栩栩如生。雕刻技法有阴线刻、浅浮雕两种。线刻细腻真切，既有阴柔之丽，又有浑雄苍健阳刚之美。

经过几千年来的流传，高密的雕刻师傅们用自己的智慧让雕刻艺术更为发扬，并传承至今。特别是改革开放后，一批优秀石雕工匠涌出，并兴业办厂，以高密宏源石材雕刻厂在规模、设备、专业制作能力和工艺水平最具发展潜力。作为厂长的王立军也因此成为了高密石雕艺术的主要传承人。王立军的石雕艺术取材广泛，青石、大理石、砂岩、汉白玉、珍贵玉石等，以题选材，因材施艺，对传统的石雕艺术不断改进，在精雕工艺基础上博采众长，运用高新技术手段制作。产品既富有古老艺术的魅力，又有典雅明快的现代艺术风格，使高密石雕这一古老的传统技艺重放异彩。

二、工艺流程

以王立军精雕艺术为代表的高密石雕的工艺流程大致分为六道工序：选料布局，打坯戳坯，放洞镂雕，精刻修光，配垫装垫、打光上蜡。一般作品都自始至终由一位艺人完成。

选料布局：选料是按题选料。布局要求别出心裁，别开生面，忌拾入牙慧、落入俗套。

打坯戳坯：一般直接在石料上敲打落形。只有少数大型作品或构图复杂的作品，要画设计图或捏泥塑稿。打坯是雕刻作品的第一步，用打坯凿大刀阔斧地劈削出作品的外轮廓，景物的大块面，以最简练、概括的手法，将构思变成视觉形象。打坯中强调整体观念。艺人有所谓"四从"的说法,"四从"就是"从整体到局部,从大到小,从主到次,从表到里"。戳坯是用阔凿戳出景物较小的分面,一些小作品也有不用打坯而直接用阔凿戳坯的。戳坯和打坯都要留有余地,以备必要的修改调整,同时又不能太臃重,要尽量接近实体。对此,艺人有"打坯不留料,雕刻无依靠,打坯打彻底,雕刻省力气"之说。

放洞镂雕:这是一道不断剔除多余石料,逐步显现景物实体的过程。作品实体外层的多余部分,主要靠打坯戳坯时凿除,实体本身的空间以及里层的丰富层次,要靠放洞镂雕才得以实现。镂雕是放洞的继续和深入。放洞在石料上留下了许多大小不同的规则的圆洞,而镂雕则是改造圆洞,使圆洞成为实体之外的形态多变的空间。空间与实体互为依存,空间越具体、实体越显露。必要的空间都镂雕出来了,实体的造型也就完成了。所以也有人把雕刻的过程称之为"运用减

王立军石雕作品《麒麟送子》

法，求得实体"的过程。

精刻修光：这是雕刻中的最后一关。精刻用以深入刻划细部，修光用以修饰外貌，使作品显得有生气、更美观、更传神。

修光是为了抹去作品上不必要的刀痕凿迹，使作品简洁。但修光不是一味追求"光"，而要"光"得恰如其分。修光中要从结构出发，从质感出发，强调"刀触"，不能将体面交界线都刮得圆浑，含糊不清，否则会使景物显得软弱无力，丧失特征。有些景物也不宜修得光溜溜的，如有的艺人将岩石的表面保持其斑斑点点的刀痕凿迹，反更能表现其硬、糙的质感。

配垫装垫：石雕作品一般由上身（主体）和座垫两部分组成。座垫对主体起衬托、充实、补充作用，是作品不可缺少的有机组成部分。设计座垫要以主体为依据，尽量做到形式协调，大小相称，色调稳重，繁简适度，充实内容，弥补缺陷。石雕座垫有石质、木质两类。石质垫造型分岩头垫、树根垫、水波垫、几何形垫等几种。木质垫分造型垫与自然垫两种。艺人大都选取盘根错节的老树桩作垫，既可减轻作品重量，又显得生动自然。

打光上蜡：打光上蜡可使作品外表光洁、明亮，充分显现石料的材质美、色彩美，使作品显得高雅、艳丽，并便于陈设观赏。打光时要从粗到细，循序渐进，使其光亮耐看，经久不脱，形成真包浆，俗称"硬光"。打光时要注意保护景物的体面交界线，否则会使景物的体面转折模糊、结构不清、立

王立军石雕作品《观音》

体感差。同时要根据需要区别对待，一般较大面积的平面、球面上，作品的主要部位，务求反复磨揩，使其光亮可鉴。而有些部位也可少打光或不打光，以求得作品中光亮度上的某些变化和特定效果。上蜡前先将作品刷洗干净，除去一切灰尘、汗迹，再将其揩干，置于火盆上烤热。加温要缓慢、均匀，防止爆裂。烤至摄氏100度左右，再将黄蜡均匀地涂刷在作品上，使其渗透到每一细部的表面。然后让作品慢慢冷却，在尚感有余热之时，用细麻布轻轻揩擦，仅留一层很薄的黄蜡余其表面。切忌在作品表面堆积黄蜡，否则会庸俗不堪。

三、技艺特点

高密石雕的表现手法，从形式分有圆雕、镂雕、浮雕、线刻、镶嵌数种，以圆雕最常见，尤以镂雕最具特色。

圆雕：圆雕作品的造型比较单纯，不追求丰富的层次，可以四面观赏。圆雕技法广泛应用于石雕人物、动物、炉瓶、印钮等作品。

镂雕：镂雕是高密石雕最具特色的技艺。主要应用于山水、花卉作品。镂雕可分单面镂雕、透空镂雕和立体镂雕。

单面镂雕多呈扁形，前后狭，左右阔，正面精雕细刻，背面略而不刻，仅供单面观赏。

透空镂雕是在"体身"上镂出大洞，把"体身"变成太湖石的样子。这样，一方面便于镂雕，可以表现极为丰富的层次；另一方面给人以"透气"感，能使视线透过景物、穿过"体身"，感受到纵深空间，使作品更富于立体感。

立体镂雕已不觉"体身"的存在。把整片的"体身"化成为局部的存在。但其本身的造型是完整的。这类作品虽然在欣赏面上有主次之分，但在雕刻中四面都要精心雕刻，使每一个面都能给人以不同的美感。

浮雕：浮雕按表现景物立体度强弱分为高浮雕、浅浮雕和薄浮雕三种。高浮雕常用于炉瓶身上的装饰和一些质佳、有色层而厚度不足的石料上。艺人遇有料薄而石色绚丽、花纹奇特的石料时，也常用浅浮雕手法雕刻成插屏，十分精巧引人。薄浮雕亦称薄意主要用于石章的印身雕刻等。

线刻：线刻是以刀代笔在石雕上刻划出来的阴线。诸如人物的须发，服饰图案，动物的皮毛、鳞片等，都广泛应用线刻技法。线刻一般在作品完成前进行，有时亦在作品上蜡之后再刻线，并在线中嵌入白粉（此法俗称"白道"），以求达到鲜明醒目的效果。线刻一般都用单刀法，不重复，不修改。它如中国画中的白描，要刚劲挺拔，曲线要圆转流畅，要求艺人有一定的绘画修养和熟练的运刀技巧。

镶嵌：一般用于镶嵌成品。与传统产品比较，它只拼贴不凿嵌，实际上是一种彩石浮雕拼贴画。

王立军石雕作品《弥勒佛》

四、题材与种类

高密石雕品种繁多，千百年来伴随着人们物质生活和精神生活流传至今。它体现了民间工艺精湛的技艺、巧妙的构思和奇特的创造力，具有很高的艺术价值、历史人文价值和经济价值。

高密石雕浑厚有力、质朴简洁，具有很高的艺术欣赏价值。艺术家们凭着实际的生活和丰富想象力，以刀代笔在坚硬的石面上刻画出生动的形象，以线条作为主要表现手法，非常具有中国画讲究笔墨线条的特点。

高密石雕题材广博、内容丰富。既有反映现实生活的题材，如车马出行、亭台楼阁、舞乐杂技、迎宾待客等，也有反映神话故事的内容，还有表示祥瑞吉祥的图案等等。真实地再现了历史上高密政治、经济、文化、信仰等各个方面，犹如置身于瑰丽的历史画廊之中，给人带来知识的启迪，艺术的享受。

高密石雕制作作为高密市的传统手工技艺，广泛应用于建筑、家居和艺术品市场，不仅具有较高的观赏性，而且具有极高的经济价值，为带动地域经济发展发挥了较大作用。

五、传承与保护

随着社会的发展与科技的进步，传统的高密手工雕刻技艺不断受到冲击，开料、手工刨荒、工具制作、手工锤钎等技法因工艺复杂体力较重、危险性大，已近失传，模型也不再制作。现从事石雕制作的人员越来越少了，如不及时抢救就有面临失传的危险。

鉴于高密石雕艺术从业人员逐渐减少的状态，社会各界都加大了保护力度。高密石雕传承人王立军，投资近百万元创办了高密宏源石材雕刻厂，使石雕艺术得到了很好的保护传承。另外，我们还将计划采取各项措施，以保护高密石雕艺术的传承和发扬。一，运用文字、录音、录像、数字化多媒体等手段对传统技艺和石雕作品进行记录，建立健全完备的档案和传承人档案；二，建立高密石雕传习所，给经验丰富的石匠授予荣誉头衔或物质奖励，制定切实可行的政策鼓励年轻人学习传统雕刻技艺，并积极开发新的石雕工艺及产品；三，组织开展理论研究工作，全面深入地研究高密石雕艺术的起源、风格演变等问题，并编纂出版研究成果；四是逐级向上申报非物质文化遗产保护名录。使高密石雕这一独具特色的民间工艺不断得到传承和发扬。

高密石雕传承人王立军在雕刻石狮

淳朴敦厚、色彩艳丽——高密面塑

面塑艺术早在汉代就已有文字记载，在民间也叫面花，是作为仪礼、岁时等民俗节日中馈赠、喜庆、装饰的信物或标志，经过几千年的传承和经营，可谓是历史渊源流长，是中国文化和民间艺术的一部分。2008年，高密面壁被列入高密市级非物质文化遗产名录。

曹军面塑作品《八仙人物》

一、概述

高密民间面塑手艺，上可追溯到元代末期，相传为了反对元朝暴政，当地群众自发拿面鱼传递信息，借传送面鱼在八月十五起事，完成杀鞑子的任务，当地流传"七月十五捏面鱼，八月十五杀鞑子"的民间谚语。后来，这种捏面鱼的活动流传下来，发展成为民间面捏、面塑，成为当地群众极具特色的一项民俗活动。后来，逐渐发展为现在的节日面塑，尤其是逢年过节的时候，人们用面塑"压锅"，祈福祷神，追求平安吉祥。甚至在每逢麦收之时，人们庆贺新麦归仓，欢庆丰收，磨出上等面粉，在家中捏面食，后来发展成多种造型的面塑，代代相传。

到了清代，高密面塑受年画和泥塑等民间艺术的影响，逐渐脱离食用，演变成单纯艺术形式独立存在，一些身背工具箱，四处奔波的面塑艺人出现在街头集市，以此为生计，进一步促进了面塑艺术水平的提高。

近现代，高密面塑受文人艺术的影响，以它绝美的身姿倍受世人青睐，这正是因为它所注入的时代文化的积淀和创作者不断进取的热情和才思，使得它成为一种出于俗而脱于俗的朴素文化。面塑由街头转向登堂入室，从此身价百倍，整体水平产生质的飞跃，表现手段和表现技巧日臻成熟完善。

高密面塑的原料主要是面粉或经过加工配置的复合软陶质材料。它的制作过程比较复杂，不同于彩塑作品是成形后再着色，面塑是由事先已经染色的面团巧妙地组合而成，充分体现了创作者巧妙的心思和细腻的手法。一件完整的作品历经构思设计、和面、蒸熟、揉面、配色、捏塑、干化、包装等过程，在捏制中采用了揉、捏、压、搓、滚、碾、拨、切等多种技法，作品形态逼真，色彩鲜艳。由于防腐、防裂技术的不断改进，有的作品可以保存数十年甚至上百年。

二、特点与分类

面塑艺术的特点是"一磕、二捏、三镶、四滚"（聂家庄泥塑的步骤），还有"文的胸、武的肚、老人的背脊、美女的腰"。面塑实际上是馍，用小麦粉和面加彩后，捏成的各种小型人物。主要出现在嫁娶礼品、殡葬供品中，也用于寿辰生日、馈赠亲友、祈祷祭奠等等方面。农家把已蒸好的各种面塑花摆在诸神前，其中猪头形面塑俗称"大供"，另外还有花馍、花果馍、礼馍、馍玩具等。制面馍的工具十分简单：白面、剪刀、菜刀、梳子、红枣、花椒等物，只要掌握好发面技术，按照式样进行捏制，那么一个鲜活的面模形象就会脱颖而出。

面塑按其使用功能可分为两类，一类是专用于收藏的面塑，另一类是可以食用的面塑。用于收藏的面塑通常用精面粉、糯米粉、盐、防腐剂及香油等制成，而用于食用的面塑则用小麦粉等制成。

三、艺术价值

民俗价值 高密面塑是世代相传的民俗艺术，受当地风俗习惯和民间艺术的影响，也使得高密面塑的品种丰富。"礼从宜、事从俗"，民俗活动的需要直接促进了面塑的发展，高密面塑也被赋予不同的吉祥含义。比如春节的时候，做成"莲花"和"鱼形"的面塑，表示"连年有余"；婚礼上送龙凤、鸳鸯、石榴形状的"喜饽饽"，再剪上饽饽花，以此来祝愿新人生活美满、多子多福。孩子满月，外婆家送给孩子十二生肖的面圈，或者"麒麟送子"，祈求"圆满"。还有在祝寿、探亲、祭祀的时候往往带着些寿桃、元宝等"花馍"，这些造型不同的花馍与民俗相互呼应，形成一道亮丽的民俗文化景观。

审美价值 面塑艺术的特点是造型完整饱满，造型略有夸张，手法简练、注重神气，淳朴敦厚、色彩艳丽，让人觉得亲切自然。面塑在人物的塑造方面，具有一些共性：突出文官学富五车、满腹经纶；武官虎背熊腰、昂首挺胸、老人老态龙钟、脊背弯曲；女性削肩细腰、亭亭玉立；儿童虎头虎脑、憨态可掬。在一组面塑中，则注重场景气氛的营造，每个人物的神情姿态个性分明，但却紧密围绕着情节，烘托主题。对动物的塑造则突出起温顺可亲、喜庆祥和的一面，而不是夸大其凶猛的生物特征。

面塑之美，美在其自然的材料、自然的工艺、质朴的心

曹军面塑作品《五福闹春》

境。它塑造的形象是符合民俗文化心理的，是老百姓喜闻乐见的。民艺品中含有自然之美，最能反映民众的生存活力，所以工艺品之美属于亲切温润之美，当美发自自然之时，当美与民众交融之时，并且成为生活的一部分时，才是最适合这个时代的人类生活。

教育价值　面塑绝不仅是个玩赏品，它具有很强的社会教育功能。面塑艺术也以其形象传达着一个个动人的故事。人们可以通过面塑的孙悟空、猪八戒、白娘子、穆桂英、水浒英雄等形象给孩子讲述相关的历史故事，从而在潜移默化之间启迪孩子的智慧。同时，对于艺术教育和艺术创作，民间艺术总会带来莫大的惊喜。

经济价值　面塑一直是一种谋生的行当，但它又属于传统的手工艺，是具有地方特色的文化产物，其价值有独特的地方。随着旅游业的发展，面塑这种"小玩意儿"更能显示其文化魅力。传统的面塑艺人是"只为谋生故，含泪走四方"的街头艺人，很少有系统的知识，但是不可思议的是，面塑就是在这样的普通群众手中开出美丽的花朵。那应该是一种虔诚信仰和喜庆心情的结晶。因此，面塑艺术品总是被赋予了更多的内涵。

四、传承与保护

高密面塑的传承与其他民间艺术一样，一般采取口传身授传承，祖辈相传，师徒相传，而没有专门的学校机构去传播。传统的面塑艺人是"只为谋生故，含泪走四方"的街头艺人，很少有系统的知识，但是不可思议的是，面塑就是在这样的普通群众手中开出美丽的花朵。那应该是一种虔诚信仰和喜庆心情的结晶。

高密面塑传承人曹军的面塑技艺，源于小时候的家庭熏陶。在他的记忆里，小时候爷爷曾教过自己捏面人，但最初的时候他只是觉得好玩才学。爷爷经常去很远的地方卖他的作品，每次走很远的路却卖不了多少钱，后来他就很少再见爷爷捏面人了。父亲也没有跟爷爷学习捏面手艺，只有母亲偶尔做一些花鸟鱼虫的面食，他就跟着母亲学习了一阵用面捏面人。

长大后，曹军开始对捏面人产生了浓厚的兴趣，最重要的是，他觉得这种民间传统手工工艺不能丢。一开始,曹军用面捏面人,后来他发现面的可塑性不强,如果在南方一些比较潮湿的地方存放,这种用面捏的面人就很容易发霉长毛。此后,曹军开始用软陶捏面人,相对于面而言,软陶的可塑性较高,为他日后从事面塑艺术打下了良好基础。

今年39岁的曹军是高密市孚日集团行政管理部的一名普通面点师,厨艺高超的他从菜肴围边、食品雕刻本行入手,练就了一身捏"面人"绝活。笔者看到,一块和好的面团在他手心里搓匀揉圆,指头一捻一掐,再用刻刀一挑一戳,一匹栩栩如生的骏马已作奋蹄疾驰状。在曹军的面塑展览柜里,一字排开的各种面塑作品更是美不胜收:渔家乐、金陵十二钗、洪七公等,须眉生动、惟妙惟肖,令人叹为观止。

曹军面塑作品《新贵妃醉酒》

2004年,曹军去潍坊参加厨艺大赛,结识了济南的一位面塑师傅,从此就入了迷。面塑包含了绘画、雕塑、刻印、装饰等诸多艺术因素,初中学历的他没有受过美术教育,为了弥补这一"短板",曹军除了翻阅大量素描、色彩等美术书籍和研究历史故事外,还在学习人体解剖上下足了功夫,只有了解、熟悉人体的骨骼、肌肉等结构,才能让作品更加惟妙惟肖,达到传神的境界。曹军对美术知识的"恶补"达到了废寝忘食的地步,在家经常学习到下半夜,甚至到了天亮而浑然不觉。

曹军捏面塑用的面是三成糯米粉和七成白面掺和而成,并需要加适量的蜂蜜、甘油、防腐剂等,然后经过揉匀、调色,制成各种彩色的面,通过揉、

曹军面塑作品《收获季节》

搓、挤、压、团、挑、按、拨等造型技巧，先把面人的头部或身体做出来，再加手，配以相关的道具。顷刻之间，一个千姿百态的人物、动物形象就完成了，妙肖传神、活灵活现！

"腹有诗书气自华"。勤于学习的曹军在创作时基本不打草稿，只要有灵感或题材，就会在心中形成艺术形象，一气呵成。在创作时，曹军注重在作品的人物美感和神韵上下功夫，把创作主题和人物情感融于面塑作品的神态、衣着、动作等细微之处，其塑造的"关公舞刀""范进中举""黛玉葬花"等人物形象栩栩如生、生动逼真。曹军制作的仕女面塑尤为出彩，身姿妙曼的"绝代佳人"，发簪耳坠一应俱全，衣袖裙摆随风飘动，颇有"云鬟轻梳蝉翼，娥眉巧画春山"的意境。

捏面人是一种传统的民间手工工艺，对于这项工艺，曹军表示希望更多的人传承。现在很少人肯花时间去学习，而如果一直没人学习，或许再过个几十年，这项传统手工工艺就消失了。希望有志的年轻人能好好学习，把这项传统工艺传承下去。面塑风格不同，可以根据个人的喜好进行选择。在现在紧张的工作之余,进行面塑创作也是一种乐趣,可以给平淡的生活增添点色彩。

　　凭着对面塑艺术的热爱和精湛的技艺,曹军获得的各种奖项数不胜数。除本次获得的金奖外,在第十届中国艺术节上,他创作的《喜获大利》,以动感十足的特点受到评委们高度评价而夺冠。曾被评为孚日"十大杰出青年"的曹军坦言,孚日集团为他设立了工作室,给予他充足的创作时间,并承担了外出学习的费用,才使得他的面塑创作道路越走越顺、越走越宽。

　　面塑艺术的发展和传承对传统的依赖性强,传承的面太窄,定位始终是民间手艺,不被学校教育所重视。尽管偶尔有个别面塑艺人被请进艺术学院的课堂教过学生做面塑,也只是短暂的,更没有听说有哪位高等艺术学院的学生去从事面塑行业的。面塑艺术世代相传发展到现在,没有专门的教育机构或者教育家;经营的方式从挑着挑子走南闯北逐渐变成了在城市的步行街上摆个固定摊位,琳琅满目的面人成为旅游纪念品,满足着游人猎奇的目光。

　　在这经济日趋全球化的时代,都市文明强大的诱惑力使地方民俗文化日益

高密面塑传承人曹军

中国民间文艺之乡

红高粱

曹军面塑作品红高粱

崩溃。面塑等民间艺术承载着深刻的民俗精神，面塑艺术依托民俗而生，却要顺应时代而变，变则活。相信，沿着"建立机制、组织协会、扩大宣传、普及教育、抓住机遇、与时俱进、打造品牌"的发展道路，高密面塑艺术将走出一片辉煌的天地。

山东高密

千变万化、奇巧百出——高密手绘风筝

  风筝真正的起源，已无法证明。有些民俗学家认为，古人发明风筝主要是为了怀念世故的亲友，所以在清明节鬼门短暂开放，将慰问故人的情意寄托在风筝上，传送给死去的亲友。2008年，高密手绘风筝被列入高密市级非物质文化遗产文化。

一、概述

  风筝，古时称为"鹞"，北方谓"鸢"。大多数的人认为风筝起源于中国，而后广传于全世界，是一种传统的民间工艺品。最早的风筝并不是玩具，而是用于军事上。唐代晚期，因为有人在风筝上加入了琴弦，风一吹，就发出像古筝那样的声音，于是就有了"风筝"的叫法。

  说起风筝，人们自然会首先想起寒亭杨家埠风筝，其实，高密的风筝无论从扎制工艺、造型、品种、色彩搭配等方面，都是一个很有地方特色的民间艺术品。高密风筝发源地无考，几乎全市各乡镇都有那么一些心灵手巧的扎制艺人，农闲时扎制一些风筝，一来供自家小孩子玩耍，二来也可拿到集市上换几个零花钱，它是民间辈辈流传下来的一门手艺。

  高密扎制风筝比较集中的地方当数夏庄镇的十里铺、付家庄等，这些村在历史上扑灰年画、木版年画、菜刀、风筝、刷红纸等，都很有名气，几乎家家都有手工艺绝活，至今，十里铺的菜刀在山东半岛乃至全国都有名气。这里的风筝在二十世纪九十年代前，一直就是民间特有和经济效益较高的手工艺品，这里的风筝制作和所用材料都非常传统，一直都是竹纸制手绘风筝。

二、技艺特征

  风筝的形状主要是模仿大自然的生物，如雀鸟，昆虫，动物及几何立体等，而图案方面，主要由个人喜好而设计，有宣传标志，动物，蝴蝶，飞鸟等，琳琅种种。

  风筝的建造材料除了丝绢，纸张外，还有塑胶材料造的，骨杆有竹篾，木

第五章　传统美术

材及胶棒来造，有人出设计一种无骨风筝，它的结构是引入空气于绢造的风坑之内，令风筝形成一个轻轻飘的气枕，然后乘风而上。

普通风筝的做法一般是采用竹子做骨架，纸做肉，其他复合材料包括丝绢、尼龙布、塑料膜或竹篾、纱纸条、马拉纸等。

纸和丝绢为一般传统风筝的制作材料，着色鲜艳亮丽，更能体现中国风筝的魅力；但是纸易破，丝绢贵，而现代科学的产物——尼龙布和塑料膜，成了制造风筝的新材料。

竹子是制作风筝骨架的主要材料，可选取壁厚3-5厘米的竹子削成竹片，利用竹片的韧性做风筝的骨架。风筝的骨架可根据个人爱好来编制，如蜻蜓状、蝴蝶状等。

纸是蒙糊风筝的主要材料，以质薄纤维长而均匀，富有韧性，耐湿耐冲击，色泽白而洁者为佳。把纸糊在骨架上，再系上线，风筝就做好了。

这时，你还可以在做好的风筝上涂上你喜欢的色彩，镶上花边，或者系上丝带，挂上纸环。但不能影响风筝在空中的飞翔，因为附件太多会使风筝的飞翔失衡。现代的风筝大多数都使用广告布作为风筝的面料，骨架也从以前的竹子变成了炭杆，大大的提高了飞行效果。

扎、糊、画。即

高密手绘风筝 戏曲人物

先将竹子劈成细条，在小火上烤着手工弯曲成各种形状，用细麻绳扎好；再以中心线为准，用毛头纸将竹框架裱糊起来，注意左右均衡；然后蘸着各种颜料画上所要的图案，颜色多以红、黄、蓝为主。要特别注意放飞的中心线要不偏不歪，否则飞不起来。高密风筝全是手绘，绘制技巧、题材及所用颜料基本是受当地的扑灰画、半印半画的影响。因此，高密风筝与扑灰画、半印半画等其它民艺品有密切的血缘关系，这也是高密风筝最明显的特点。1989年，十里铺村的杜希志扎制的手绘蜈蚣大风筝，曾代表高密到潍坊参加国际风筝会。

三、价值与寓意

中国的风筝已有二千多年的历史。从传统的中国风筝上到处可见吉祥寓意和吉祥图案的影子。在漫长的岁月里，我们的祖先不仅创造出优美的凝聚着中华民族智慧的文字和绘画，还创造了许多反映人们对美好生活向往和追求、寓意吉祥的图案。它通过图案形象，给人以喜庆、吉祥如意和祝福之意；它融合了群众的欣赏习惯，反映人们善良健康的思想感情，渗透着中国民族传统和民间习俗，因而在民间广泛流传，为人们喜闻乐见。有着二千多年历史的风筝，一直融入在中国传统文化之中，受其熏陶，在传统的中国风筝中，随处可见这种吉祥寓意之

高密手绘风筝 孙悟空

中国民间文艺之乡

处:"福寿双全"、"龙凤呈祥"、"百蝶闹春"、"鲤鱼跳龙门"、"麻姑献寿"、"百鸟朝凤"、"连年有鱼"、"四季平安"等这些风筝无一不表现着人们对美好生活的向往和憧憬。

手绘风筝人物

　　吉祥图案运用人物、走兽、花鸟、器物等形象和一些吉祥文字,以民间谚语、吉语及神话故事为题材,通过借喻、比拟、双关、象征及谐音等表现手法,构成"一句吉语一图案"的美术形式,赋予求吉呈祥、消灾免难之意,寄托人们对幸福、长寿、喜庆等愿望。它因物喻义、物吉图案,将情景物融为一体,因而主题鲜明突出,构思巧妙,趣味盎然,富有独特的格调和浓烈的民族色彩。例如一对凤鸟迎着太阳比翼飞翔的图案,称为"双凤朝阳",它以丰富的寓意、变化多姿的图案,体现了人们健康向上的进取精神和对美好幸福的追求。中国吉祥图案内容丰富,大体有"求福"、"长寿"、"喜庆"、"吉

祥"等类型，其中以求福类图案为多。

求福：人们对幸福有共同的追求心理。蝙蝠因与"遍福"、"遍富"谐音，尽管它形象欠美，但经过充分美化，把它作为象征"福"的吉祥图案。以蝙蝠为图案的风筝比比皆是，如在传统的北京沙燕风筝中，以"福燕"为代表，在整个硬膀上，可以画满经过美化的蝙蝠。其它的取其寓意的风筝有："福中有福"、"福在眼前"、"五福献寿"、"五福捧寿"、"福寿双全"、"五福齐天"、"五福献寿"等，周代《洪范》篇载"五福"：一曰寿，二曰富，三曰康宁，四曰攸好德，五曰考终命。"攸好德"谓所好者德，"考终命"谓善终，不横夭。按五福寓意，福已包含富和寿。其他的求福吉祥图案还有"鱼"和"如意"（如意原是竹木制的搔杖，专搔手够不到的地方，因能尽如人意而得名）。与此有关的吉祥图案与风筝有："连年有鱼"，"喜庆有余"，"鲤鱼跳龙门"，"百事如意"，"必定如意"，"平安如意"等。

长寿：古往今来人们都希望健康长寿。寄寓和祝颂长寿的图案很多：有万古长青的松柏，有据说能享几千年寿命的仙鹤及色彩缤纷的绶带鸟，有据说食之可以长命百岁的"仙草"灵芝和能够使人长生不老的西王母仙桃等。追求和表达长寿的"寿"字有一万多种字形，变化极为丰富。源于佛教的"万"字纹样，寓"多至上万"之意。在沙燕风筝中，腰部的图案就多为回转"万"字纹样。与此有关的吉祥图案与风筝有："祥云鹤寿"，"八仙贺寿"等。

喜庆：表达人们美好、愉快、幸福的心情。喜字有不少字形，"囍"是人们常见的喜庆图案。喜鹊是喜事的"征兆"，风筝中有"喜"字风筝，"喜喜"风筝碰等，与此有关的风筝和吉祥图案有："喜上眉梢"，"双喜登眉"，"喜庆有余"，"福禄寿喜"，"双喜福祥"。喜庆图案颇具情趣的还有百蝶、百鸟、百花、百吉、百寿、百福、百喜等图案，如"百鸟朝凤"。寓间美满婚姻、夫妇和谐有鸳鸯图案风筝等。

吉祥：龙、凤、麒麟是人们想象中的瑞禽仁兽。龟在古代是长寿的象征，后来以龟背纹代替。特别需要强调的是关于龙的话题，中国是个尚龙

中国民间文艺之乡

的国家，在我们国家里龙是有着特别的意味，龙有着鹿的角，牛的头，蟒的身，鱼的鳞，鹰的爪的神奇生物，被视为中华古老文明的象征。以瑞禽仁兽及其它物象构成的传统吉祥图案有："龙凤呈祥"，"二龙戏珠"，"彩凤双飞"，"百鸟朝凤"等。中国传统风筝——龙头蜈蚣长串风筝，尤其是大型龙类风筝，以其放飞场面壮观，气势磅礴而受人喜爱。

风筝制作技艺之裱糊

第六章 传统技艺

盛名远扬的"邵铁匠"——高密菜刀

"高密刀、高密镰,蹭蹭磨磨用三年;能切大能切小,一切切到海南岛;能切粗能切细,一切切到意大利"。高密菜刀历史悠久,名扬大江南北,享誉关东内外,是名副其实的高密特产、老字号。作为民间传统制作工艺,高密菜刀已伴随着高密人民走过了近400个年头,2008年被列入山东省级非物质文化遗产名录。

一、概述

400年前在"菜刀之乡"夏庄镇的河西村、十里堡村、仪家村等就有了打刀的刀匠并逐渐建立了刀铺,这些村几乎人人都能打制菜刀,代代相传。到了清末民初,章丘某地的张姓弟兄流落到了高密,张姓兄弟有一门手艺就是能干红炉(铁匠铺),而且质量特别过硬,再加上与当地打铁匠的技艺揉合,所以,他们做出的刀铁具经久耐用,深受高密本地人的欢迎,弟兄俩的生意也做的很大,本地人也纷纷到张师傅的铁匠铺恳请他收为徒弟。就这样张家兄弟的打铁技艺很快就在高密东北乡传开了。随着社会的不断变化,老百姓的生活要求也在不断的变化着,打铁、打刀的也遍布在高密的东北乡。他们做的刀具和铁具技艺别具风格,刀口的锋利全在选料和淬火的功力上。十里堡邵家是清代乾隆初年由夏庄街邵家巷子迁来的,邵家人在夏庄街时就从事打制菜刀、镰刀等手工艺活,迁到十里堡后,代代相传。邵家刀老辈传人邵福隆号称"刀子邵",是一代名匠,至今当地及附近县市的一些老年人还记得"邵福隆"菜刀,说起来仍赞不绝口。

新中国建立后,国家号召走互助合作的道路,1952年,十里堡村成立"利民铁业生产合作社",入社人员有30多人,其中大半是邵家人。入社时生产工具自带,不能带的凑钱买,当时,人人干劲很大,生产发展很快。1958年,利民铁业合作社并到夏庄公社铁木业厂,1959年,又从铁木业厂分出,到县城成立了刀剪社,这就是后来高密县五金厂的前身。在计划经济时代,高密五金厂生产的黑色夹钢刀刀身轻快、刀口锋利、不卷不崩、经久耐用,曾创山东省优质产品称号，在消费者心目中形成良好口碑。上世纪八十年代后，高密五金厂因经营不善，逐渐走下坡路，技术骨干纷纷回乡，办起了菜刀加工厂。到九十年代中期，十里堡村、仪家村已经有菜刀加工企业十几家，菜刀业成了村里的支柱产业。

高密菜刀之乡"十里铺村"

当时，仅十里堡村1200口人中就有从业人员400多人，占全村人口的1/3。菜刀加工业的收入，占全村人均纯收入的60%。上个世纪八十年代初至九十年代中期，黑夹钢刀在山东市场上一直占着主导地位，畅销不衰。

二、工艺特色

高密黑菜刀用锰钢制作，黑刀又称"夹钢刀"。锋利耐用，在市场上很走俏。历史上经营打制菜刀、镰刀等刃子活的就是铁匠，所用工具有炉、风箱、砧子、锤子、凿子、剪刀、磨石等，一盘炉要4人操作，即分掌钳、打头锤、打旁锤、拉风箱各一人，先将熟铁打成毛坯然后开槽夹钢、熟火、开片、接信子、剪毛边、粗开刃、淬火、水磨刃、上把。

俗话说："背厚刃薄，使到老不用磨"。在工艺上，高密菜刀的祖传格言是："铜薄响，铁薄快"。因此，高密菜刀就很注重这些方面。传统菜刀一般刀身长在20厘米左右，宽10厘米上下，背厚，身薄，刃锋。刀身宁轻勿重，以达顺手、轻便之效果。刀薄是一个方面，淬火是一道重要工序。要使刀刃不卷不崩，锋利耐用，全由淬火决定。要领是凭经验观察，适可而止，这就是制作高密菜刀工艺的精髓所在。

新型菜刀一是刀面光亮，美观不锈非常卫生；二是非常锋利；三是滴水不沾；四是经久耐用。

高密黑菜刀

高密菜刀传统工艺之"夹钢"

三、传承

400年前，高密东北乡夏庄镇的河西、十里堡村、仪家村，姜庄镇的高家庄，姚戈庄镇的张鲁集村等就有了打刀的刀匠并逐渐建立了刀铺，经过百余年的发展传承，这些村几乎

人人都能打制菜刀，代代相传。这些菜刀传人中主要有夏庄镇十里堡村号称"刀子邵"的邵福隆和邵风亭、邵秀清、邵秀溪及青年刀匠邵泽中、邵泽厚、杜云先、綦孝波。仪家村号称"刀子王"的仪明策、仪宗全及嫡传仪垂民、仪垂锋。河西村的李洪求、李培直父子。

2003年山东电视台专题播出高密菜刀，2004年中央电视7台在致富经栏目专题播放，引起全国各经销商和用户的高度重视。目前，高密现有菜刀生产厂家20个，三大系列二十多个品种，产品销往大江南北十多个省市。

高密菜刀传统制作技艺之"锻打"

妙手回春的画郎中——字画装裱与修复

古旧破损书画揭裱与修复，折射出高密在漫长历史发展中，孕育了自己独特灿烂的文化，折射出其丰厚的文化底蕴。2014年被列入潍坊市级非物质文化遗产名录。

一、概述

伴随着书画装裱修复传统艺术而生发的书画装裱工艺，也可以说是中华民族独有的工艺。修复古旧字画是一项费神的精细活，难度较高，也是一门复杂的修复技艺。修复人员既需要有全面的知识，又需要有丰富的实践经验。如同医师治病驱疾，其精细、缜密的程度，实无异于医生做复杂的外科手术，要全神贯注，不容疏忽大意，致力于毫芒之间，心细如发，精工细做。同样修复人员对霉烂蠹蚀的古旧书画可以"妙手回春"起着"画郎中"的作用。因此修复人员被誉为"画医"，是古旧字画的保护神，是民族文化的弘扬者。正由于有了装裱工艺，高密历代书画珍品才得以保藏久远。

二、工艺流程

古旧破损书画的装裱和修复，步骤纷繁复杂，除了包括新书画装裱的全部程序之外，还有几道工序必不可少。

一、整治画心：特别对破损严重的画心，甚至因虫噬严重而黏在棒子上的画心，都需要进行整治。用针锥一点点的跳开，一层层的剥

荣旭斋书画装裱店

离。把脱落下来的小块画心，粘回原处。

二、闷润画心：就是将原裱的古旧书画用水润透，以便揭心。闷润分为"卷润"、"浸泡"和"平展闷润"几种方法。闷润画心最常用的方法就是"平展闷润"，这种方法既保险又不伤画。

闷画心

三、洗画心：古旧书画因年份久远，烟熏尘蚀变成黑黄色或受污水浸染而出现水花，在揭心前先进行洗心，洗心有刷洗、淋洗、浸泡三种方法。为保证画心的安全，不论书画损坏到什么程度，损坏与不损坏，还是应该带着背纸或托心纸进行洗画心为最好。

四、揭心：古旧书画在闷润和洗心后，应马上进行揭心。揭心就是把书画的原裱覆背纸及托心纸揭去。操作时可用食指和中指将覆背纸和托纸一层层地搓去。搓时要慢慢地轻轻地从一边向另一边有序的搓。揭心难度就必较大，需要细心有耐力。要求心平气和，细致精微，千万不要粗心大意，急于求成。

揭画心

五、修补：有的旧书画，画面已残缺不全，必须在揭心后进行修补，才能成为一个完整的画面。

六、画心补好后，就要染色配纸，用白纸托旧画心，有失古旧画的气色。所以要根据书画地古旧颜色程度预先染好仿古色的宣纸，以备托心时好用。

七、上浆托心：也是非常关键的一道程序，所以要小心从事。破损残缺严重的画心，如果托心时无法用排笔进行刷浆糊，即可用喷洒稀浆糊的方法来上浆，效果也很好。上好托纸后，连同下面的塑料膜一同揭起，放在一层铺平的宣纸上，下面朝上，然后将塑料膜慢慢揭下来，然后将画心晾干后再洒水上挣子。

八、网纸矾心：网纸矾心的目的是使破洞处同画心的其他部位厚度一致，便于全色、全画。

九、处理污迹，整治反铅：大部的污迹在洗画心时就已经洗去了，但也有一些不容易洗的污迹。如油污、圆珠笔迹、蓝墨水迹等。就必须采用一些化学物质来做处理。整治反铅过去采用酒烧法，现在用7％的医用双氧水来处理，办法也很好。

十、纸张去酸处理：纸张去酸早期曾采用过碳酸氢钡、石灰、碳酸氢钙等碱性水溶液处理。现在用碳酸氢镁进行纸张去酸很成功。

十一、全色也成全画：就是将古旧书画的残缺部分，包括残缺的画面内容和笔迹，再按作品的原

上浆

面貌，用笔和色调进行补全复原，也叫"接笔"。经过全色可使原来残破不全的书画，变为色调一致画面完整的艺术品。全色者须具有一定的书法和绘画基础。要精读全画的内容，精心揣摩作者的书法和绘画技法。然后调配好相应的墨色，并选适用的毛笔，将画内容不完整的部分，和色调不一样的补纸全部画好，经过全色可使原来残破不全的书画，变为色调一致画面完整的艺术品。

十二、装裱：最后就是要按照书画装裱的工序进行装裱，一定要格外精心操作，轻拿轻放，不要让画心打折或揉搓，以便再出现损伤的不良后果。

三、技艺传承

在高密，从事字画装裱技艺的从艺人数近百人，其中的传承已久的有姜庄镇的周氏家族和高密城区的"老泉斋"最为著名。

姜庄镇周家庄的周氏家族，一直从事书画装裱的业务。周氏装裱店，在高密历史悠久，算起来，周家装裱店迄今已历经五代了。周氏第五代传承人周洪旭自少年时期便随大爷周明金学习书画装裱记忆，他不满足于已掌握的家传技艺，更是远赴他乡拜名师学习深造。在多年的实践中，总结出自己独有的装裱、揭裱修复技艺，形成了自己的风格。技艺更是得到了张建中、单应桂、启功、欧阳中石等著名画家、书法家的认可。

别世杰，高密字画装裱修复的代表人物。父亲是高密制作半印半画年画的艺人，别世杰，八九岁时放了学就帮父亲干零活，打下手。后来慢慢的就爱上了画画和装裱。成年后，一直从事年画的创作，机缘巧合之下认识了一位叫左少琦的老师，系统的接受了古旧字画的装裱和修复技艺。并与儿子别金泉开办了"老泉斋"书画社。从事书画装裱、古旧书画揭裱、修复和扑灰年画经营。几十年来，不但为本市的书画爱好者和收藏家们揭裱和修复了大量的古旧破损书画。还为很多来自青岛、烟台等全国各地的收藏家们揭裱修复古旧破损书画。其中还有很多名家墨宝。如刘墉书法作品、对联等，瞿云生的书法作品多幅，冷枚的人物，农家四时，王序、赵之谦的书法对联，董其昌的巨幅书法作品，郑板桥的竹子、四条屏和芝兰并茂图，查士标的山水画等名家作品。

装裱修复工艺本身就具有独特的艺术性。俗话说："三分书画，七分装裱"。装裱工艺虽然繁琐，但在长期的实践中，可以提高人们的文化素质，增强人们的文化素质，增强人们的审美意识，对于研究、继承和弘扬祖国的文化遗产，丰富民族艺术宝库，促进社会的精神文明建设，都具有十分深远的意义，可见装裱工艺具有重要的艺术价值。

装裱修复作品如同书画作品一样，都具有收藏价值，装裱修复艺术越高，作品收藏价值就越大。书画作品本身就具有一定的艺术性，名人名裱更为人们所推崇，装裱技术的高低与其裱件的经济价值成正比。一件好的书画作品，在没有经过装裱之前，并没有完全完成其全部艺术价值，只有经过装裱工作者的在创造，对其曾色完善之后，才能使其本身所具有的价值得以完全的体现出来，因此，它具有其本身的经济价值和极高的收藏价值。

华夏红纸第一村——高密大红纸

书写春联用之大红纸，历来系高密自产。众所周知，自古高密是年画制作之乡，所以不少画店亦兼刷纸业。故刷红纸亦为高密传统工艺商品之一。追溯"大红纸"的起源那要往上推一千多年以前，原先过年在门上挂的那个"桃符"就是红纸和对联的老祖先，桃木是红色的，在旧社会有驱鬼避邪的传说，红色的桃木衍变成了红色的纸张，桃木上的字也衍变成了现在的春联词语。2007年，高密大红纸被列入潍坊市级非物质文化遗产名录。

一．概述

三百年前，高密的扑灰年画开始兴起，与此同时"大红纸"也在不断的发展。文革时期，年画被列为"迷信"物品而付之一炬，几百年的文化遗产顿时灰飞烟灭，而春联和大红纸却保留了下来，1947年夏庄北村的李允香干的非常红火，带动了整个北村逾千户从事刷红纸手艺。从上世纪70年代末到现在，经过各辈老艺人象李德善（已故）等等的精心研制下又添加了几种颜料，使原先的"大红纸"又鲜又红又亮。80年代初又研制了新型的不裉色的"金年红"大红纸，使"大红纸"的质量和用途更上了一层楼。

二、技艺流程

高密大红纸选上等白纸、好颜料、刷子等精心勾兑颜料（使热水把碱冲开，加上1斤大红、加6钱桃红晶、加2两柿黄，先把桃红晶倒上，再把柿黄、大红一起放在缸里，把碱水倒上，用木棍搅匀了，再加膏和凉水），刷好纸后用小竹杆挑着晾干，干燥之后，整纸、齐纸，经独具特色的传统手工制作工艺加工而成。

还可以刷五色纸即黄纸（用嫩黄加桃红两滴）、绿纸（绿加水）、蓝纸（蓝加紫）、黑纸、粉红纸。

大红纸：写告示、做过门笺、口红纸、糊灯笼、剪纸、砸纸印月饼笺图案（一般是嫦娥奔月）、写春联、下蜜期、印书封面。

黄纸：写告示、做过门笺、印黄历、扎纸扎、剪纸、济南高青等地方还用于写对联，还用于木版年画印黄财神。

绿纸：做过门笺、扎纸扎、剪纸。

蓝纸：做过门笺、扎纸扎、剪纸。老人去世后用以写对联。

黑纸：扎纸扎、剪纸。

手工刷纸

粉红纸：过年铺桌子、盖馒头、福字灯，娶媳妇糊窗、包砖、包钱看喜，小孩过百岁。木版年画印桌围群（图案是八仙图、凤凰串牡丹），印数。

三、保护与传承

2010年11月29日，因高密大红纸红遍大江南北，高密市被中国楹联学会命名为"中国楹联产业基地"，为全国第一个国家级的产业基地。在此之前，已被潍坊市、山东省认定为楹联产业基地。自然，此为历史悠久，文化底蕴丰厚，民族文化艺术发达和人民群众奋发有为的成果。

人们对传统文化的情有独钟，似乎为人类难以割舍的情感逻辑。因此，对联这一传统文化也一直在人们心中有着拳拳之忱。自改革开放的春风吹起，对联这一传统文化阵地同样受到吹拂。高密人民不但掀起刷大红纸热潮，而且发展为印制批发销售对联的新产业。

随着时代的发展，刷大红纸与印制春联从形式到内容俱有创新。原来的

《挑副春联过大年》

大红纸，经风吹日晒后，易退色，今日工艺早已改革，改用新染料，可使其永不退色。刷纸原俱为用手工操作，今多改为自制之机刷。如此以来，在刷制大红纸的工艺流程中，不但提高了产量，节省人力，而使色泽更均匀，更鲜艳美观。原用墨汁印刷之春联改由油漆，使之更加光亮。并且有的在对联纸面上装饰以吉祥图案，或将黑油漆改用涂金粉，使春联显得更加富丽、丰富、美观。

近年来，高密已有数个乡镇村刷制大红纸和印制春联。其产品早已为广大人民群众所喜爱与认可，远近闻名，已成为高密一个新时代的亮点。制作较集中的夏庄镇东李家村刷制大红纸和印刷春联者有150多家，被誉为"华夏红纸第一村""华夏第一春联生产基地"。全市年刷制大红纸与印制春联用纸量已达七八千吨。产品销售省内外，覆盖面颇大，且所占领之市场有日益扩大之势。

朴实自然、造型美观——高密柳编

"编筐、编篓，家家都有"。柳条，柔软易弯、粗细匀称、色泽高雅。高密柳编就是这样通过新颖的设计，将农家常见的素材，编织成各种朴实自然、造型美观、轻便耐用的实用工艺品。2012年，高密柳编被列入潍坊市级非物质文化遗产名录。

各种柳编作品

一、概述

柳编，在高密已经有两千多年的发展传承，在历史的长河中，以高密曹疃村襟氏一族为代表的柳编技艺传承了十九代。相传，柳编技艺是由战国时孙膑发明创造，当时，孙膑的聪明才干遭到同学庞涓的嫉妒，庞涓为了将孙膑除掉，将其骗到了魏国，用了膑刑，还把他扔在阴暗潮湿乞丐住的地窖中。身处

中国民间文艺之乡

艺人们在制作柳编

逆境的孙膑曾经一度想过要自杀,但是,看到同样生活在地窖中的乞丐们依然乐观的生活,孙膑受到启发和鼓舞,开始尝试用铺在身下的柳条,编成一些簸箕、笸箩、筐筐之类的器具,让乞丐们送到集市上销售。那时候,禚家祖辈人经常给孙膑送点吃的喝的,所以孙膑就把这个手艺当做报答传给了禚家祖辈人。洪武年间,禚家祖辈人迁到高密潍河边,祖上因有柳编这门手艺,在这里发现了充足的编制材料,就在此定居,柳编技艺也在高密慢慢的发展起来。

以前簸箕、笸箩、筐筐都是家中的主要日常用具,老一辈人也靠这门手艺养家糊口,所以教徒特别严格,徒弟在编制中稍微马虎就得到师傅用柳条抽打的惩罚,对于不是自己的嫡系子孙,同族人要学,得给师傅编制三年不收工钱,才能自立门户。新中国成立后,一些旧的授徒规矩在老手艺人心中逐渐消失,出现了徒弟"遍天下",人人学手艺的风尚。

自改革开放以来,高科技的迅速发展,柳编行业也面临新的机遇与挑战,以前用的柳编制品也被新产品替代,很多柳编行业的手工艺人改行了,学这

门手艺的人更是寥寥无几。就在这门手艺面临失传的时候，得到了地方政府，特别是高密文化局领导的高度重视和支持。在传统工艺的基础上加以改进，编制成既能使用又可欣赏的精小工艺品，销售到各大城市及国外。高密柳编行业终于迎来了新的春天，通过艺人的创新与改革，高密柳编产品也由日常生活用品，逐步走向工艺品发展的道路。

二、柳条种植

柳编的主要原料是柳条，在这里先介绍一下柳条的种植、管理与收获、保存。

柳条的种植条件首先是一年四季气候分明，土壤肥沃、疏松，要有充足的水源。

高密西南乡曹疃村正适合这样的条件，曹疃村土地平坦肥沃，黄土地。西边就是潍河，一年四季不干枯，到了雨季河中的水经常流满村中的沟。在这种环境下，河两边与沟中就自然的生长出一些野生柳条，后又经过柳编以艺人们的不断栽培，改良，就形成了现代种在地中的柳条。

柳条一般是在霜降之后，用果枝剪刀从柳条地中剪下一些小的柳条，在院中挖一个深约15厘米的土坑，把柳条站在中间，经常的用水浇，要柳条保持充足的水分，到了来年春天，清明之前就可以种植了。种植时先把土地耕整平坦、疏松、施上肥，一亩地约150斤复合肥撒在调好的畦子里，在畦子里耕上五条沟，每条沟的距离约20厘米（为什么要五条沟每条沟20厘米呢？这是为以后的管理方便，因为20厘米×5=1米，人站在岭中间，能伸手瓣掉1米范围内柳条长出的分叉，用喷雾器喷药力所能及）。把去年院子坑中的柳条拿出来剪成约10厘米的段，把它插在耕好的沟中，用土埋约5厘米，地上的柳条约有2—3个小芽为宜，这时就得用水浇一次，水要充足。2—3天后，用工具把地松土一次，在生长过程中只要在柳条上长出小杈就瓣掉，为了日后编制，长到约50厘米再追肥一次，把50斤复合肥撒到畦中用水大灌一次，总的说柳条喜欢多浇水，如果发现叶子有破的痕迹就及时喷药，那是有虫子，如果被虫子咬了柳条主杆就是一个疤，没法编制。

柳编用柳条在生长期

种植的柳条要到夏天入伏的时候收获，因为这时柳皮嫩，有水分，容易去皮，过了夏天就不好去皮了。在早上4—5点用果枝剪刀一棵棵剪下，在剪时要距离主杆4—5厘米，便于来年发芽，剪得柳条不要太多，上午能把剪下来的柳条皮去掉最好。把剪到家中的柳条放到阴凉的地方。柳条去皮要单棵的放在专用工具夹子中，从根部到梢拉一遍（以前用竹筷），这时柳条就破皮了，用手把破了的柳皮剥下来放在太阳底下晒干，一般要晒3—4天就可保存起来，要放在一个通风干燥的房中，以后也要经常晾晒。

编制的主要工具有：大梁子、小梁子、背梁子、踏板、手锤、板凳、木瓜、镰刀、楦刀、砍刀、锥子。

编制用的材料有：柳条、线绳、竹片。

三、工艺流程

高密柳编之所以与众不同，要从准备工作说起。首先，制作高密柳编，需要一个特殊的环境——地窨子。在院中选择一块平坦向阳的地方，向下挖深到两米左右，人站在下面走动上碰不到头为宜，宽度的大小根据人员多少而定，一般一个人的编制宽度为1.2米左右。用砖头把地下周围砌起来，上面水泥预制（以前用青砖石碴）开二至三个不等的天窗，让下面不太阴暗，窗口用透明油纸盖住以防下雨。最后在朝南的地方开门口，建起一个高1.3米左右的门楼，门口的宽度以人下时畅通为好，门口用厚草席盖严，以保持下面的潮湿，夏天可以少掀开点缝透透气。

编笸箩：编制前要把柳条放到水中泡一段时间。根据季节不同泡的时间也不一样。冬天把柳条放在水中泡20分钟拿到地屋中滋润一晚，早上柳条就很柔软了。夏天泡5分钟，放到地屋中待1小时就可编制。

把柔软的柳条大小搭配好，能做一个笸箩的柳条用镰刀把不整齐的柳根砍掉，在地面上闯一闯，用细柳条捆住，再用大梁子照着柳根部敲几下，让所有的柳根都一样齐，先预算自己想编多大的笸箩，根据笸箩的口径截节子，比喻做一个口径是26厘米的笸箩就得截柳身节子为36厘米，用铁尺照柳条量36厘米，把镰刀放到柳条底下36厘米处，用大梁子敲击柳条，直到把柳条截下。根据柳条的长短截二节或三节。用粗一点的线绳平行着缠到小梁子上，每边缠两根就可以。缠时要用手把线绳使劲拉紧，把缠好绳的小梁子竖着放在身下的地面上。这

齐边

时或蹲或坐在小板凳上，用一只脚踏住小梁子，把截好的柳条大小搭配均匀分两把放在地面上。先装一把找粗的装，找两根软硬一致粗一点的柳条装在小梁子中间，装时用左手在小梁子中间把左边平行的线绳翻到右边。右手拿起粗柳条装进梁线内，一般情况下是先装细头，用另一根粗柳条量出先装进去的柳条的中间，也装进去，依次循环，一对梢，一对根由粗到细的向前装，装的长短一般与节子一样长，差3厘米没装到头时用手把装进的柳条向中间扒紧（只有扒紧编出的笤箩才能紧凑感、结实）。然后再装，装上四个或六个短对。装上对后再继续装，装时要每对缩1厘米，装完头一面，依次再装第二面，与前面的装法相同。装成后把镰刀放到两头长短不齐的柳条底下，用大梁子敲镰刀上的柳条，直到截顺为止。喝一口水含在口中，深呼吸均匀的喷到柳条上放在小梁子上滋润一下，这时把线绳缠到手锤上，缠时要用力均匀，把背梁子横着插进柳条，中间放上踏板，用脚踏住就可以编了，把线绳放进右边的柳条内压住向左编，编时用右手的拇指压住一根柳条食指拿起另一根柳条，左手放进手锤用力一拉，这时右手的中指用力一指绳下的柳条，互相协调的编下去（编时绳在中间平行着直走，两头稍矮），编到头时，轻轻转回来继续编，这时右手拿手锤左手指头拿条。在柳条两边四指前编上一个上斜，再继续与前边一样编，编到四个来回时在上斜的那根柳条上，编上第一个斜子然后是第二个，第三个。编斜时两头要矮，中间逐渐高。三个斜子后，拿出背梁子编第二面，与先前一样编。（一般头四个来回要密，逐渐稀）快编到苫时要用力拉紧绳线，对柳条不要用力掀要指，这时中间就出现了一个凸面，撒上苫，圆好苫后，用手锤把凸面压下去。用镰刀把圆好的苫长的部分削去。再做第一面，与第二面的编法类同。全编成后用手锤在初形的内壁四周压一压，让苫全站起来，然后用大梁子把苫和底敲平，便于下一步好圈。

圈就是用竹片在笤箩上方做成一个圆形骨架，先用尺量出需要的尺寸，用铁锯锯段，把锯段的竹片用砍刀破成两片削薄，笤箩里面的一片要使用硬的一片，外面用软的一片，把竹片圈成一个圆形，把两头用绳缠紧，放在苫两面，一定要紧，然后找平行就可以楦了。

楦笤箩也就是缠笤箩的边沿，找一些粗一点的柳条用水泡1小时，放到地

屋中滋润一晚，把柳梢部掰去，用牙齿把柳条上部咬成三瓣，把木瓜放进去，用力向下压直到破到根部为止（破时要一手抓木瓜，另一只手拿柳条，用力要均匀）。再用楦刀把破好的柳条均匀的打薄，就可使用了。楦之前要把楦子梢部用镰刀削尖，先把楦子根部放进圈好的笆箩外竹片底下，用专用锥子扎一个孔，把消尖的梢部放进锥子孔道内抽出，依次循环，楦时锥子要扎均匀，楦子要撑紧，不要重叠或太稀，楦完后把笆箩正一正，把四周的刺刺割去，拿到太阳底下晒干就行了。

编簸箕：把柳条大小搭配均匀，用镰刀把不整齐的柳根砍掉，再用米尺量出尺寸，先截第一节50公分，第二节为60公分。把梁线交叉缠到小梁子上，竖着放在地上，先装第二节，找到柳条中间，一对梢，一对根的装，由细到粗、大小、软硬，搭配均匀，装到小梁子中间装第一节，由粗到细的装，装到最后装一小捆细条挡住后头。装的过程中条与条之间要紧靠。装成之后用镰刀把第一节与第二节的长短截顺。喝一口瓶中的水，深吸一口气，均匀的喷到柳条上润一下。装好的小梁子放到大梁子上。放上背梁子与踏板，先编第一边，拾一根柳条放进手锤再压第二根柳条依次循环。用力压上第一道梁线，回来时上第一个斜子，编到三四回时把梁线找直，上紧背梁子。八九个长回时，开始不断上斜，直到肚子做好，最后圆茬，把圆好的茬用镰刀找平。编第二边时把子梁线去掉，放开背梁子，编法同第一边一样。编成之后把后档握好，用脚按照前宽后窄的顺序轻轻踏成簸箕雏形，然后用大梁子把茬敲平，这就完成了第一步。编作要点是：一气呵成，用力均匀。

第二步就是楦簸箕也就是缠簸箕边沿，找一些粗柳条用水泡1个小时，放到地屋子中滋润一夜，使用专门工具（木刮）破成三瓣或四瓣，用楦刀刮薄，刮均匀。用五根柔软的腊树枝条做成簸箕腿，绑到右边茬上，每侧各两根，上边放一根做顶条，用特制的锥子把楦子均匀的缠在茬上，缠到一肚时一定小心别折断枝条，在后档给簸箕做上双眼，缠过二肚做上左边的腿直到缠完，然后安上舌头（前沿的木板），用铁片与鞋钉把舌头紧固，一般钉九个鞋钉，寓意久久长远，到现在为止一个完整的簸箕就可以使用了。

四、传承

　　高密柳编，在高密已经有两千多年的发展传承，在历史的长河中，以禚氏一族为代表的柳编技艺已经传承了十九代。在传承过程中，禚氏一族对柳编手艺非常珍惜，曾订下家规：传男不传女，传内不传外。然而随着时代的变迁，老手工艺人们逐渐开始放开心胸接纳外姓人，禚术吉、王天溪、禚白练等一辈的都是老柳编艺人，均已年过70，现在都在村里从事柳编技艺。而新一辈的柳编艺人禚元兴，更是在传统技艺的基础上加以改进，使高密的柳编工艺品向着精小工艺品发展。他的作品多件在高密市、潍坊市、山东省各级比赛中获得金奖，代表作品《小筢筢》、《八角笸箩》更是获得国家级奖项。

青年柳编艺人禚元兴

　　禚元兴，青年柳编艺人，中国工艺美术学会会员。自幼随祖父、父亲学习柳编技艺，技艺成熟后，开始在传统柳编技艺的基础上，加以创新改造，使高

密的柳编生活日用品向着精小柳编工艺品发展。其代表作品《簸萁、筼筜》、《如意猪》等深受消费者青睐。作品《八角筐萝》在中国（潍坊）第二届文化暨旅游展示交易会民间艺术精品展上荣获银奖。作品《簸萁、筼筜》在"2009首届中国北方旅游商品创作设计大赛"中荣获优秀奖。作品《柳编如意猪》在第二届中国民间工艺美术"乡土奖"评选中荣获铜奖。作品《小筼筜》由中国工艺美术学会民间工艺美术专业委员会收藏。各种柳编作品由中国摄影出版社出版、刊载。并被高密市旅游局聘为民间艺术柳编项目研究员。

五、特征与价值

高密柳编制品工艺细致考究。它的主要技法有平编、纹编、勒编、砌编、缠边五种。选择细滑而韧性强的枝条，泡制加工成洁白如玉的细柔条料，编制时勒编紧密，条缕均匀。如妇女用的针线笸箩、花篮等物，有时用染过色的破篾或高粱皮缠边，织出十字形或口字形几何花纹，十分美观。即使食篮、筐等粗料，有时用带皮青柳条与剥皮白条相穿插，编成立体纹样，外形美观。不但服务于农村农业生产，还是农家主要日常生活用品。柳编用柳条柔软易弯、粗细匀称、色泽高雅，通过新颖的设计，可以编织成各种朴实自然、造型美观、轻便耐用的实用工艺品。其产品包括：柳条箱（包）、饭篮、菜篮（圆、椭圆）、笊篱、针线笸箩、炕席、苇箔等。随着产业不断发展，产品不断创新，新颖实用美观的柳制品越来越被人们所喜爱，成为居家生活、装饰环境的必需品。

高密柳编工艺作为传统工艺美术之一，具有多方面的价值，在手工业时代，它是生活的创造者；在当代，它以传统文化的角色成为历史的一种记忆和象征，以手工艺艺术和传统文化的独特形态，发挥着从经济到艺术的多种职能，丰富着人们的生活。

柳编工艺生产具有就地取材、就地加工、能耗低、环保无污染、附加值高、收益多等特点。同时，因其是传统手工技艺加工，对生产条件与场所要求不高，能适合于家庭生产或加工，从业人员相当广泛，对周边农民联结劳动具有较好的辐射作用，是农户的重要家庭副业，促进农民就业与增收。

在现代高科技社会，柳编工艺虽不是工业经济的支柱产业，但作为特色产业之一，仍然具有较高的经济和社会价值。事实也表明，传统的类似于柳编工艺美术产业已经成为我国一些地区经济发展新的增长点。

同时，柳编工艺还具有极高的艺术价值，是传统工艺美术的物质载体，它具有很强的地域性，是现代生活文化的表现，是当地民族文化和艺术的典型代表。

山东高密

色彩艳丽，富有动感——割花虎头鞋

高密是齐鲁文化发祥地之一，具有丰厚的历史文化艺术资源，民风淳朴，民俗多样，民间艺术丰富多彩，传统手工技艺辈辈流传，高密割花就是众多民间艺术中，具有独特文化价值的手工技艺之一。而在高密割花技艺中，最具代表性的作品当数割花虎头鞋，它是最具传统色彩的一项民间手工技艺，具有深刻的文化内涵，曾在民间广为流传，成为民间百姓寄托美好生活愿望的重要载体。2012年被列入潍坊市级非物质文化遗产名录。

一、概述

据传，高密孩童穿戴虎头鞋、虎头帽的风俗习惯，已流传千百年，具体时间无考。高密割花虎头鞋的起源有许多美丽的传说，相传在高密百脉湖埠口有个姓石的船工，他乐于助人，为湖周围的人摆渡从不要钱。有一天，一位老奶奶冒雨过湖请人为即将临产的儿媳接生。谁知她刚走到湖边，风刮雨淋，头像炸开似的疼。石姓船工看见了，将老奶奶搀到屋里休息，自己替老奶奶去请接生婆。雨过天晴，老奶奶的儿媳生了一个大胖小子。老奶奶千恩万谢，送了一张画给船工。画上是一个正在绣虎头鞋的俊姑娘，船工喜欢的就将画贴到了自己的茅屋里。

从此后，船工收船回家，漂亮的姑娘已做好饭菜等他。原来，姑娘是天帝的女儿，天帝派她下凡与船工结为夫妻。后他们恩爱生子，取名石虎。

后来，人们都知道了船工娶画上的美人结为妻子的事。一天，县官来到埠口，想霸占船工妻子为妾。船工的妻子便收了凡身，回到画上。县官抢走了画并把画贴在了床头。可是，不管县

虎头帽

第六章 传统技艺

221

官怎样甜言蜜语，画上的美人就是不下来。小虎在家一直哭着要妈妈，送画的老奶奶告诉船工，让小虎的姑姑做双虎头鞋，小虎穿上就能找到妈妈。按老奶奶的嘱咐，小虎的姑姑连夜做好了虎头鞋。小虎穿上立刻向县衙飞去。见了县官，虎头鞋变成了老虎，咬死了县官。船工的妻子忙从画上跳下来，带着小虎高兴地回家了。

现在，人们仍认为虎头鞋能除恶魔保平安，因此都要给孩子做双虎头鞋穿。它流行最早最多的区域还是农村，其清新、质朴、美妙的生态环境，是民间艺人发挥想象和创造力的不竭源泉。

在过去高密境内，特别是农村家庭主妇，大都有会做。长辈特别是母亲，都会为孩子做虎头鞋穿，寓意孩子强壮勇敢，平安吉祥，健康长大，寄托了对美好生活的向往。由于时代的变迁，穿虎头鞋的习俗已逐渐淡薄，而做虎头鞋的艺人也是很少了。但民风民俗具有历史传递性，一旦形成很难消失，当人们在生活中感到缺失了什么时，一种回归传统，寻根溯源的文化现象便会重新回到人们生活中。高密割花虎头鞋之所以能延续下来，是与传统的民风民俗密不可分。

高密割花虎头鞋全是手工绣制而成，鞋面是用各色棉布、绒布等绣出图样后割出的飘亮老虎图案，鞋底是用打好的布壳子用白衬布贴好，用麻线纳成的千层底，颜色多用红、黄、蓝、紫，再配上各种小饰件，鞋口、虎耳、虎眼等镶一圈长绒毛，红、黄、白间杂，轮廓清晰，而鞋带则用毛线结成圆球，更富有动感，适于孩童好奇心里，一般是1到2岁多的孩童穿，显得十分活泼可爱，于乡风村俗中流露着时尚典雅。

二、技艺流程

割花虎头鞋的工艺十分繁杂，仅虎头上就需用刺绣、拨花、打籽等多种针法，虎嘴、眉毛、鼻、眼等处常采用粗线勾勒，夸张地表现老虎的威猛。除虎头的基本特征外，往往彩线、花边、布料、毛线、皮毛、金属片、珠子、扣子、彩带等等材料，繁复使用，加上麻线纳底的大针脚，增强了粗犷厚重之气，充分蕴含着厚重的民俗民风和豪放粗犷的人文特色。

传承人邵瑞琴在设计虎头鞋图样

制作割花虎头鞋的几大主要步骤：

1. 在选好的布料上，画出图案。

2. 把两片画好相同图案的布料，在中间加上一定厚度的玉米皮、麻袋片或纱网等材料，绷制成样板。

3. 用各种颜色的彩线绣制完成。

4. 把绣好的绣片用锋利的刀片从夹层中间均匀割开，撕去夹层材料后，一对图案相同的绣制品基本完成。

5. 根据鞋的大小，画出鞋帮、鞋底等样板。

6. 根据样板在已经制成硬壳的材料上裁出鞋帮。

7. 将裁好的鞋帮进行包边，缝制待用。

8.根据样板在已经制成硬壳的材料上裁出鞋底，进行包边、包底，用三至四层的厚度，用线绳纳出鞋底待用。（过去用麻绳）

9.把已经制好的鞋帮、鞋底进行有序组合，将绣制好的虎头面附在鞋头上绷平绷紧，缝制鞋沿子，最后再用线绳缝上鞋底。

10.把虎头面两边缝制在鞋面上固定住，穿上鞋带，鞋带两端系上毛线修剪的绒球，一双漂亮的具有高密地域特色的割花虎头鞋基本完成了。

三、保护与传承

高密割花虎头鞋近年来在潍坊、高密电视台、潍坊日报等均做过专题报道，在电脑网络上，也在多个网页有宣传，多次参加省文博会、青岛潍坊周、潍坊文化产业博览会等各种文化展览展销活动。在山东国际大众艺术节2009民间工艺美术博览会上获银奖，在中国工艺美术学会第24届年会上，获"乡土奖"铜奖，并被该学会收藏，高密割花虎头鞋受到民俗专家的肯定和称赞。代表性传承人邵瑞芹自幼好学，少时常住外婆家，跟随外婆学割花、剪纸等手工技艺，后跟母亲学习割制花鞋样，并拜夏桂芳老人为师，学习各种虎头鞋制作。近些年来多次受邀参加各级民俗文化节，割花虎头鞋在山东国际大众艺术节获银奖，在中国工艺美术学会上获"乡土奖"铜奖，并被该学会收藏。潍坊和高密电视台、网络等各种媒体做过报道。2007年，高密割花虎头鞋申请获

布老虎玩具

得了国家外观设计专利。

高密割花虎头鞋，在继承传统工艺、保留原始风味中，注意在继承中创新，使之更具美感，被更多的现代人接受，从而能更好的传承下去。2007年，传承人即申请获得了国家外观设计专利。它所体现出来的历史文化价值，越来越引起人们的重视。

成品虎头鞋

一是具有浓郁的乡土气息。虎头鞋最早流传于民间，特别是农村，都是在家庭母女、婆媳、邻里之间代代相传，一到农闲季节，女人们凑在一起做手工活，其乐融融。因而具有促进民风淳朴、邻里和谐的功能。

二是具有深刻的寓意。虎是百兽之王，人们以为穿上虎头鞋可让孩子强壮勇敢，避邪平安，保佑孩子健康长大。鞋的颜色也各有说法：蓝色谐音拦，意拦住，孩子好养；红色意为红火可避邪免灾；黄色谐音皇，寓意孩子出人头地。紫色谐音自，意寓孩子自长大。寄托了对美好生活的向往。

三是具有传递爱的特质。长辈特别是母亲，都愿意给孩子穿虎头鞋，尤其是小孩满月、百日或过生日时，有亲戚朋友们送贺礼的民俗，民间至今流传着这样的民谣："姑的裤姨的袄，妗子的花鞋穿到老"。它是传递亲情的重要载体。

四是实用价值明显。它的产生发展，与它的美观实用分不开，它最早产生的起因就是为孩子穿用，又因它造型憨态可掬，色彩艳丽，富有动感，符合孩子好奇心理，是有益开发孩子智力的实用品。

另外，它粗犷的造型风格、丰富的工艺想象力、民间的普及性，市场的开发潜力等，使它还具有美学价值、工艺价值、市场开发价值等。

高密割花虎头鞋，是极具代表性的民间手工艺品，很典型的表现了中国劳动女性心灵手巧和传统美德，表现了中华民族代代相传的对美的追求和对美好生活的向往，是具有代表性的历史传统民间艺术。割花工艺很有艺术价值，而割花虎头鞋更赋予了一种文化内涵，具有独特的价值和意义，必须很好的传承下去。它工艺流程复杂，材料多样，市场效益差，传承人少有，确处于濒危状态，应予以高度重视和保护。

嘎渣焦脆、味道鲜美——高密炉包

民间传统名吃高密炉包历史悠久，风靡城乡。始于清代年间，在民国时期有着独特意义的形势盛行，用来走亲访友的礼物送给朋友。解放后，随着人民生活水平的提高，高密炉包已遍及城乡，成为高密人民的在众食品。2007年被列入潍坊市级非物质文化遗产名录。

一、概述

《风味小吃-高密炉包》首届高密炉包大赛一角

高密炉包主要分布在呼家庄、夏庄街、高密城为中心的周围二、三十个村庄，鼎盛时期有100余家打炉包，在潍坊、青岛、北京就也有多处，随着社会的发展，高密凤凰宾馆、迎宾楼等饭店都继承了炉包这传统工艺。

据传说，高密炉包是从汉朝名将韩信手下的厨师手中传下，遗憾的是至今缺乏实物考证。据现在世打炉包的老人回忆，清朝末年呼家庄的老字号"王家"、"徐家"夏庄的"公顺"等老店铺就开始干了，特别是民国时期，呼家庄又有几十户人家推着小拥车，带着棚布和工具，绑上棉花架，破木头等外出周围村庄如：井沟、拒城河、注沟等逢集便赶（打炉包），一年四季不断流。"王家"还在高密城神仙巷打炉包，那时的神仙巷是高密最繁荣的一条街，来吃的人也就特别多，更加促进了炉包的影响，因此至今流传这么句老话：高密炉包夏庄面，南曲的火子不用看。

高密炉包制作技艺

二、工艺特色

民间传统名吃高密炉包，其特点是包子又白又大，杀大白菜，皮面暄软，内陷饱满，味道鲜美，挂浆讲究，火候独到，八成熟，一咬略吱响，嘎渣焦脆，油香四溢。高密炉包用料讲究，以鲜猪肉、鲜韭菜、鲜白菜和上好的精面粉为主料，以海米、木耳及各种调料为辅料，精心加工而成。

山东高密

高密炉包很有特色，造型圆凸状，杀大白菜，个小皮薄，内陷饱满，火候独到，八成熟，一咬咯吱咯吱的，嘎渣焦脆，油香四溢，味道鲜美。

装炉

三、传承与保护

高密炉包分布较广，自创始来高密炉包以传承为主。如呼家庄"王家"、"徐家"传承遍及高密20多个村庄、远到潍坊、青岛、北京等地。高密炉包的传承人形成传承谱系较为典型的有：清末老字号"王家"王志喜—民国时期王龙云、王龙海—建国后王心会—王钦峰、清末老字号"徐家" 徐振升—民国时期的徐立和、徐立水—建国后的徐占明。清末夏庄老字号"公顺"张本功—民国时期张业新—建国后张爱云—张继和—张玉。建国后，高密国营集体的饭店至今高密各饭店以及才字号后人已把高密炉包的传统工艺流传承下来。

第六章　传统技艺

229

出锅

　　为弘扬高密传统技艺，全过程展示高密炉包制作技艺，以推广红高粱故乡名吃，打造地方餐饮文化。2012年9月，在第三届中国（高密）红高粱文化节期间，举办了"首届高密炉包大赛"。共有15家餐饮企业的优秀面点师，参加了为期3天技艺展示，并评出了高密十大金牌炉包。

山东高密

皮薄酥脆、清香蜜甜——高密大蜜枣

　　高密的大蜜枣以皮薄酥脆、清香蜜甜、食而不腻著称于世，深受消费者欢迎，成为馈赠亲友、日常食用、酒席宴会之佳品。高密大蜜枣制作工艺遍及高密城区及各乡镇。2007年被列入潍坊市级非物质文化遗产名录。

一、概述

大蜜枣

　　高密的副食品加工业，历来以糕点为主，产品有大蜜枣、小蜜枣、水饼、开口笑、凤尾酥、雪里蕻、麻片、大饼子等品种。高密特产大蜜枣是高密民间传统糕点食品，据传可追溯到清代中期，大约有300多年的生产历史。二、三十年代，全县糕点作坊达百余家，从业人员250人。以胡少卿的《永和》为主和崔淑明的《玉祥斋》、付质霖的《久大》这三家老糕点铺著名。1953年公私合营，

第六章　传统技艺

231

城关区联社成立糕点加工部，从业人员多为私营糕点铺的名师高徒为班底。1956年改为糕点厂；1976年建立副食品加工厂；1985年改为副食品厂，全县有糕点厂3家，其中县办1家，村办2家，以大蜜枣为主的糕点产品发展到百余种。

二、技艺特点

高密大蜜枣是民间传统手工食品，经过历代传承、积累经验，在选料、调料、配方、加工、制作、包装等方面有了一整套成功的做法。大蜜枣选料以蜂蜜、香油、芝麻、蔗糖和面粉为主料，玫瑰、冰糖、红绿丝、桃仁、米稀为辅料。米稀选用粘度大、拉丝长、甜度大的高密夏庄大颗粒的麦芽稀；芝麻选用粒大、饱满、香浓的高密双羊芝麻；蜂蜜选用蜜味浓、甜度大、味道正的胶县铺集山枣花蜜；玫瑰则选用五莲玫瑰。其传统制作工艺为：首先筛选芝麻，用钢砖在笸箩里搓压去皮；用石磨推的面粉加香油、蔗糖拌和成糖油面；将玫瑰、冰糖、红绿丝、桃仁、瓜子仁、米稀等包入糖油面皮内，再经油炸、熬糖、加蜜、蘸糖、滚芝麻等工序，香甜可口的大蜜枣就制作完成了。高密大蜜枣除选料考究外，还在于皮薄而不裂，油炸后香而不糊，熟而不烂，熬糖的火候恰到好处，将加工制作完成的蜜枣掰开能拉出丝来才行。高密大蜜枣形态圆满，馅松不散，皮薄不裂，表面芝麻均匀，不生不糊，微黄香甜，味美纯正，营养丰富，八个一斤，大小一致。现在每年产量在100余吨左右，大多销往高密城乡及济南、青岛、潍坊、北京、东北三省等地，来高密投资的外商和旅游的海外友人大都愿意带一点回去品尝或馈赠亲友。高密大蜜枣俨然成了对外交流的"文化使者"。

三、传承与保护

高密大蜜枣，据传已有300多年的生产历史，从清中期到民国初期无任何文字记载，相关情况难以查考。到二、五十年代，果子匠们对高密大蜜枣的传承发展做出了不可磨灭的贡献。以《永和》店主胡少卿为代表、《玉祥斋》店主崔淑明、《久大》店主付质霖以及他们的高徒逄德司、单秀峰、付丙兰、李景贤、刘志强、李淑琪等果子匠们，把高密大蜜枣的制作工艺传至今日，仍保持传统的工艺特点。

基本特征：高密大蜜枣，选料上乘，用料近二十种，采用传统的手工制作工艺加工而成。高密大蜜枣除选料考究之外，关键在于皮薄而不裂，油炸熟而不糊，炸出香味，熬糖要熬到火候，做成蜜枣掰开能拉出丝来才行。油炸和熬糖稀的火候是无法用语言表达的，它全凭果子匠们多年的实践经验来体现。

高密大蜜枣是高密民间传统食品，历经300余年的生产历史，长久不衰，仍继续发展传统生产工艺。高密大蜜枣是糕点业独有的，生产工艺独特的糕点食品，是人们礼尚往来馈赠的佳品，是高密副食品行业的主导产品。

一是在激烈的市场竞争下，原市副食品加工厂已破产，现在只有几个个体加工点，缺乏规模产业；二是个体生产比较分散，缺乏交流和技术革新；三是传承中年轻人偏少、传统工艺出现后继乏人现象。使我们不能不看到，高密大蜜枣面临着形成产业、形成规模、做大做强的问题。从市场发展前景看，仅靠个体加工是远远不够的，政府引导，继承创新，加强交流，扩大宣传，精品包

高密大蜜枣

装，创立名牌，才是加快发展的有效途径。

抓好以挖掘整理开发利用民间糕点手工艺为主工程，提高民间糕点工艺制作水平。集中民间糕点手工艺人举办培训班，举办民间糕点手工技艺节。成立了高密民间糕点手工艺协会，定期组织民间糕点手工艺艺人切磋商讨手工艺技巧。加大对以高密大蜜枣为主的民间糕点手工艺的工艺创新工作，着手研制、生产高档产品并配以精美包装。

第七章

传统医药

传统黑药、疗效神奇——金蟾膏

高密具有丰厚的历史文化资源，民间中医药技术辈辈流传，民间秘方、验方合理有效，为广大群众治病提供了方便有效的治疗途径，"金蟾膏"就是众多民间中医药秘方中，具有独特医药价值的工艺之一。2014年被列入潍坊市级非物质文化遗产名录。

高密市醴泉街道卫生院的"金蟾膏"是治疗骨髓炎、骨结核、淋巴结核、脉管炎、外伤感染等疾病的传统黑膏药，传承至今已有100多年的历史，共为全国30多个省市8万多名患者解除了病痛。西医治疗骨髓炎、骨结核、脉管炎等往往束手无策，而通过外敷"金蟾膏"避免患者手术、截肢的痛苦，疗效显著。

金蟾膏成品

"金蟾膏"是根据传统膏药炮制方法手工制作而成，膏药制作工艺有着严格的流程，原材料需要精挑细选，上等的小磨香油和经过人工研磨的铅粉。

药材需要当地产的大蟾蜍、黑鲫鱼等多位名贵中药经过人工拣择，然后才能熬炼。制作出来的膏药外观色泽黑亮透明、温润细腻，贴于患处老嫩度适中，便于透皮吸收。在治疗效果上能够祛腐生肌，化瘀排毒，对于慢性骨髓炎、骨结核、疮疡肿毒等疾病能够起到标本兼治的疗效，起到西医无法达到的治疗目的。

制作"金蟾膏"的几大主要步骤：

选取原料：选取当地小磨麻油，其质地纯净，沸点低，熬油时泡沫少，便于操作；铅粉，其纯度在95%以上，并为干燥细粉，使用前炒去水分；选取当地野生大蟾蜍、鲫鱼等多位名贵中药捡净杂质，准确称取备用；细料药乳香等研成细粉，过七号筛备用。

提取药料

提取药料：准确称取粗料药，浸泡于麻油中24小时，然后加热提取，提取时开始火力稍大，至油沸腾后将火力适当减小，以防止油溢出锅外。加热时经常翻动搅拌，使药料受热均匀，直到药料炸至表面深褐色内部焦黄色为度，此时温度达220℃，炸好后用铁丝筛捞取药渣，去渣后的药油备用。

炼油：将药油加热至320-330℃左右，开始炼油时油烟为青烟，逐渐转黑进而变为白色浓烟，当看到白色浓烟时，表示炼油已接近完成，此时应减少火力，并观察油花，待油花自锅中央聚结时，表示炼油已接近完成，此时使火力减小，做滴水成珠检查，取热油少许滴入冷水中，如油滴在水面成圆珠状，吹之不散或散后又聚结时，表明老嫩事宜，应停止炼油。炼油时应注意的事项：炼油时油的温度可达320℃左右，当油面沸腾，青烟变浓或白烟时，应注意稍使温度降低，并同时用漏勺不断搅拌扬油，使烟气及时逸散，以防溢油或燃烧。如发生燃烧时，应立即加盖密闭，使之与空气隔离，并及时移开火源。如发现炼油过老时，可酌加一下嫩油调节之。

下丹：将炼好的药油连锅离开火源，将铅粉炒去水分后加入，撒布均匀，并用木棒以同一方向不断搅拌使其充分化合，，以离丹沉聚锅底。下丹时速度应适中。油丹化合后，丹的颜色消失，生成物变为黑褐色，取少量滴入冷水中，若膏不粘手，粘度适当，表示油丹化合良好。

去火毒：油丹化合后的膏药若直接应用，可能对局部皮肤产生刺激性，故应将炼成的膏药以细流倾入冷水中，并强烈搅拌，当洗涤水变热时应换冷水，待冷却凝结成团块，将团块浸于冷水中7日，每日更换清水1次，使火毒去净。取出反复揉搓，挤除水分制成团块，备用。

分坨制块：将已去火毒的膏药加热熔化，将研成细粉的乳香加入，搅拌均匀，制成每125克一块。

"金蟾膏"膏药制作的工艺十分繁杂，需要药料的选择、榨取药材、滤油、炮制铅粉、下丹、文火熬炼、去火毒、制作成品等步骤。体现了中医药制作的选药上乘、精工细作、工艺严谨的风格。

"金蟾膏"于1978年获得"潍坊市科技进步三等奖"，1996年4月获得国家发明专利，2004年醴泉街道卫生院骨髓炎、骨结核专科获得首批"潍坊市重点中医专科"称号，近年来省市电视台、报社等媒体对"金蟾膏"进行过多次专题报道。

下丹过程

　　膏药是传统中药五大剂型——丸、散、膏、丹、汤之一，古医言曰："膏药能治病,无殊汤药,用之得法,其响立应"。膏药作为一种传统中医药文化载体，自魏晋以来延续两千多年，说明膏药的实效性普遍被社会各阶层所认可。随着时代的发展，膏药在当今社会仍然起着重要的作用，膏药中的药物直接贴敷于体表及患处，药性透过皮毛腠理由表入里，渗透达皮下组织，在局部产生药物浓度的相对优势，通过经络的贯通运行，直达脏腑失调经气失调的病所，发挥药物"归经"和功能效应，从而发挥最大的全身药理效应。

　　"金蟾膏"，以独特的组方，神奇的疗效治愈了全国各地众多骨髓炎、骨结核、脉管炎、淋巴结核患者，让很多需要截肢或手术的患者重新得到治愈疾病的希望，被广大患者誉为"金蟾神膏"，说明"金蟾膏"对弥补西医治疗方面的缺陷作出了很大的贡献。

"金蟾膏"有着上百年的历史，在山东半岛乃至全国享有很高的知名度，金蟾膏具有"去腐生肌、消肿拔毒、抗菌消炎"之功效，组方精确，制备工艺科学，临床治愈率极高。作为民间传统黑膏药的金蟾膏，相对于西医抗生素的滥用以及对骨髓炎、骨结核、脉管炎、淋巴结核治疗的单一性和临床不确切性而言，具有很好的临床疗效和医药价值，"金蟾膏"传统制作工艺仍是不可多得的非物质文化遗产，需要我们倍加珍惜和保护。

目前，潍坊市制作黑膏药的中医药人才几乎绝迹，而能够制作治疗"骨髓炎、骨结核、脉管炎"的"金蟾膏"在潍坊乃至全国也仅有高密市醴泉街道卫生院一家，真正熟练掌握制备工艺的仅有金蟾膏第五代传人李德勋，主要原因是"金蟾膏"制作工艺复杂，工艺流程很难掌握，特别是油、丹化合时的火候很难控制，需要学习制作膏药的人多年的细心揣摩、总结。此外，金蟾膏配方属于保密处方，社会上没有流传。因此，传承面临着很多困难和问题，处于濒危状态，亟需各级相关部门保护和扶持。

鉴于"金蟾膏"传统制作工艺目前的濒危状态，醴泉街道卫生院准备加大对"金蟾膏"的科研开发力度。一是拍摄能全方位体现该项目传统技艺的影像资料。二是加大人才培养力度，引进、培养中医药高等技术人才，培养十名以上传统技艺传承人。三是做好临床试验，在药理研究、成分分析、临床数据方面做好论证工作。四是扩大生产规模，加大资金投入力度，进行金蟾膏传统制备工艺的保护、传承和创新，建立金蟾膏原材料蟾蜍养殖基地。

第八章 民俗

请家堂拜祖先——高密年俗

　　高密的民风属齐俗范围，年俗是高密民俗的重要组成部分。高密年俗通常包括腊八、辞灶、过大年、元宵节等集中在阴历年底年初的这些传统节日习俗。高密人习惯上把过年分为"过小年"和"过大年"，过小年即腊月二十三辞灶；过大年即包括除夕迎神祭祖、拜年、送年等，其中尤其以除夕祭祖的仪式最为神秘隆重。2012年，高密年俗被列入潍坊市级非物质文化遗产名录。

　　同全国一样，高密人也很重视过大年，不同的是，高密年俗因"家堂"而自成一格。可以说，高密的年俗就是一幅连续的祖先祭祀图，整个过大年的仪式都围绕着它进行，喜庆、神秘、隆重，孔子故里的孝文化在祭祖过年的过程中活态地体现。

一、忙年

高密年集（伊红梅供图）

进了腊月门，高密的年味便愈来愈浓了。高密有句俗语：喝了腊八粥（高密方言粥念zhu），就把年来数。旧时债主们多在这天开出帐条催债，即所谓"腊八送信，辞灶蹲门"。过了腊八节，高密人就开始忙年了。灶码、糖瓜、点心、果品、猪头、公鸡、鲤鱼、香烛、烧纸、鞭炮、春联、门笺、财神、家堂、桃枝、菜蔬等等，是家家必备的年货，无论是集市购买，家庭自制，还是亲朋馈赠，都寓意着吉祥祈福。芝麻秸在高密当地很有讲究，一是贴门笺时插纸道用，二是除夕年夜烧火下饺子用来取吉彩。当地民谚：大年五更烧芝麻秸，养儿做大官。家堂是高密古老的祖先祭祀年画，为除夕祭祖必备的礼器。在自家供的俗称"轴子"，在祠堂里供奉的叫"祖影"，上书古训"衍祖宗一脉真传曰忠曰孝，教子孙两条正路惟读惟耕"。请家堂祭祖是当地最有年味的神圣仪式，这个重任通常由男性家主担当。人们常常视其经济实况选购自己所需要的家堂。在高密北乡的姜庄镇城子诸村及其周边夏庄镇诸村，制作半印半画"行货"家堂的居多，而扑灰家堂中的上乘之作，则大多出自棉花屯、甄家屯、李家庄一带，受当地人们推崇的家堂绘制高手，是扑灰年画国家级代表性传承人吕蓁立。

　　置办的年货中还要按照双数添买些新碗筷，寄寓来年家里会增添人口，瓜瓞绵绵，人丁兴旺。买豆腐、青菜，则取意"都福"、"生财"，祈求全家幸福、生活富足。要添置新衣，男的在立春前理发，以示辞旧迎新。还要选取吉日清扫房屋，粉刷墙壁，扫掉一年的晦气。

　　腊月二十三辞灶前后，家家户户开始忙着做花饽饽、蒸年糕（年糕寓意日子过得年年高），这些活儿由女人们操持，有的孩子放了年假，也跟着大人们揉面、磕花。这些花饽饽除了祭祖用，更多的是过年期间待客和自家食用。以前没有冰箱，人们做的这些面食多储存在米缸、面罐里，有的人家直到二月二才吃完。饽饽花磕子多为当地艺人用梨木、棠梨木刻成，图案繁多，通常用的花磕子有元宝、鱼、桃、莲蓬等形状。在高密民间，龙的近亲蛇是灵异的护家神物，人们亲切地称之为"小龙"，隐现着当地人对中华民族龙图腾崇拜的远古情结。面做的"小龙"叫神虫。这是一种特殊的面花，做成蛇形盘起来，口衔硬币或枣片，眼睛是两颗红豇豆，要好的女人还用剪刀给神虫剪出漂亮的翅毛刺。神虫蒸好后，就存放在粮食囤里或者面罐里。

面制的花刺猬，则是过年期间供在窗台上的神物。高密乡间民居以前多是草坯房，墙很厚，窗台也宽，面刺猬就供养在窗台角落里。范家庄高金明大爷的老伴叫胡宝翠，早年画过家堂，花刺猬做的很精巧，她说供养面刺猬时心里要默念一套呱儿（高密方言：呱即话的意思）：小刺猬，上窗台，不用挣，自己来。

年糕和米酒是家家必备的供品。每个家庭蒸年糕的时间不尽相同，一般是蒸好了花饽饽后临近过年的那几天。因为高密地处北方，气候干燥寒冷，年糕打早了要笑（高密方言，即干裂）。如果祭祖用的年糕有裂隙，那是对祖宗不敬，并且不吉利。讲究的人家则严格按照祖上固定的日子，哪天蒸花饽饽，哪天打年糕，一点也不能马虎。年糕要用黄黍米磨成面来蒸制。卞家屯村杨成山家里，灶房里风箱咕哒咕哒地拉着，红红的火焰燃烧着全家人迎春的喜悦。打年糕是个力气活儿，同时也很讲究技巧。在饭桌上放好高粱挺杆做的盖垫，整锅年糕平放在盖垫上，趁热蘸上凉水用双手反复拍打，直至打成平整光滑的扁圆形。祭祖用的那方年糕，要齐齐整整地插上18个红枣，寓意"早发，日子年年高"。搁置个两三天，年糕渐渐冷却硬挺，拿菜刀裁好边角，存放好以备祭祖时用。裁剩下的边边角角，则赠馈亲友或者年节期间自家食用。

酿米酒是忙年的收尾。米酒是除夕迎神祭祖的供品。一入冬，老人就拿出伏天里制好的酒曲，招呼着同族人开始酿米酒。头曲酒要先献祭给祖宗。酿酒用的主料也是自家地里产的黄黍米。通常由族里凑钱到铁匠铺合买一口大铁锅，专门定制一把大铁铲。孩子们听说要做酒了，雀跃欢跳着，跑到村外砍回干透的枯灌木棵子当柴禾，这种柴禾叫棉槐，烧起来火力足，燃烧时有一种特殊的药香。

年糕打好了，米酒酿成了，花饽饽也蒸好了，村落里烟雾氤氲，到处弥漫着过年的味道。

二、过小年

灶王是过年期间高密人最早迎接祭拜的家神。祭灶，又叫辞灶，高密人叫"过小年"，在腊月二十三晚上进行。

传说灶王爷在腊月二十三上天述职。"灶王"也称"灶神",《淮南子》记载:黄帝作灶,死为灶神。灶王的传说在民间有诸多版本。高密民间流传着这样的说法:喜新厌旧的张腊月,休掉了贤妻丁香女,因后娶的王海棠好吃懒做,家道败落,张沦为乞丐。丁香女改嫁后日子越过越富足,张腊月讨饭时无意间闯进了丁家,羞愧得无地自容,死在丁家灶前。怜前夫有悔过之心,丁香女便画其像挂在灶前祭祀。邻家询问何人,丁谎称是"灶王爷"。这个传说后来被编成剧目《张郎休妻》,在潍坊地区广泛演出。

高密人辞灶仪式带有典型的北方地域色彩。在辞灶仪式里,是绝对不能少了灶码和糖瓜的。糖瓜是当地艺人用麦芽糖熬制成的甜瓜状食品,香甜、粘牙。灶码的生产现主要集中在夏庄镇,画面上印有"上天言好事,下界保平安"字样。灶码尺幅不大,分为三部分,即灶码头、二十四节气和灶王图。灶码头为线版墨色印刷,通常为灶王爷骑着马扬着鞭子上天的样子,古朴简约,生动传神。这天后半晌,拿剪刀铰下灶码头,放在粮食囤或者面缸里喂着,好让马儿跑起来有劲,驮着灶王爷上天。现在农家很少用粮食囤子了,高密北乡姜庄镇下家屯村杨成山的妻子把灶码头放在面盆里喂喂,心是一样的虔诚。灶码头往下是二十四节气图,周边环绕着双龙戏珠。二十四节气图一般是铰下来贴在里屋门后或者炕头上,印有详细注明指导农业生产的二十四节气,上面还印有来年几龙治水的字样。高密有句俗语叫"人多乱、龙多旱,老婆多了懒了饭",就是从"一龙治水的年头主涝,多龙治水的年头主旱"这个民间传说而来的。节气图上还注有简约黄历,指导

灶马

百姓婚丧嫁娶、出行盖房、迎神祭奠之类日常生活。现在人们通常把二十四节气和灶王图连在一起贴在灶台上方。

铰剩下的画面就是灶王图。灶王图分为两部分。上部是灶王夫妇盛装半身坐像，有两种版本。一个版本为灶王爷、灶王奶奶各一，另一版本是俩灶王奶奶伴着灶王爷。前一版本为高密东北移民专用，高密当地则多用后一版本。这种年画多为夏庄镇年画艺人所制，以前为木版套色水印，现在集市上新添了丝网彩印和机器彩印的灶码品种供人们挑选。丝网印刷的还是高密木版灶码的老样子，彩印的则是全国大多地方通用的新版。灶王图的下部为麒麟送子，送子娘娘盛装端容，侍女执宝扇恭立身后，俩仙童执箫吹笙，仙乐导引。灶王图画面间充融着现实的世俗生活气息。

祭灶时间在傍晚。由户主在灶间紧挨锅灶的里墙上方，贴好灶王图，然后烧火下水饺，饺子为肉馅。饺子下到锅里后，紧接着放鞭炮为灶王爷壮行，两碟糖瓜供在灶台上，碟旁摆放三双供筷，盛上三碗带汤的水饺，然后烧纸钱，用针挑马眼开光后，发灶码头（高密方言，发即焚烧之意）。在焚烧纸钱的同时，户主口中念念有词：灶王灶王您上天堂，少言是非，多带钱粮（或者是五谷杂粮）。祷告结束，把饺子碗里的汤汁浇在地上祭奠，浇成一个圆圈后，跪拜磕头。祭仪完毕后，全家人才团围炕桌旁，吃饺子共享晚餐。祭灶仪式在过去多由年长的男家主主持，现在比较开明的家庭，也有男女家主共同主持的（如姜庄镇范家庄高金明家）。祭灶过程有好多禁忌，假如户主是结巴或者口齿不清，祷告时就不要出声，心里默念祝语即可。前两年姜庄镇有户人家，一紧张，户主把"少带是非，多带钱粮"说成了"多带是非，少带钱粮"，心里堵堵着后悔不迭，结果日子过得一年都不顺当。

"辞了灶，年来到"。腊月二十三祭灶后，高密的年味便愈来愈浓了。

三、迎神祭祖

过大年的高潮是除夕迎神祭祖，这是高密年俗的核心。祭祖过程是当地最有年味的活动。

1. 迎接的准备

除夕是过大年的高潮。这天上午人们一改往日的悠闲，表情庄重而神秘。大人小孩齐下手，忙着贴春联、福字、年画、门笺、窗花。讲究的人家还要制作贴有吉祥剪纸图案的影壁方灯和午夜迎神的手提罩子灯。女人们则忙着包除夕祭祖的饺子，烹制摆供用的菜肴。村子里到处都弥漫着过年的味道。供品的种类和数量每个家庭都不尽相同，但鱼、肉、豆腐和鸡蛋，却是家家必备的祭品。以前鱼是自家男人从池塘或河里破冰打上来的鲫鱼，活蹦乱跳。寒冬腊月的，女人心疼男人，从超市里买几个海里产的小黄花鱼替代，一样的有"余福"。每只祭碗里都要插一棵青翠的菠菜、油菜或是生菜，缠绕着染成玫红的细长粉条。讲究的人家则摆供全鸡、猪头、河鲤，鸡打头，鱼收尾，寄寓"大吉大利、年年有余"。其他的祭品则有饺子、年糕、神虫、元宝、面鱼等。通常大年夜供养的饺子是素馅的，还要包上钱币来祈福。

电视纪录片《高密年俗纪录》截图之年俗之祭品（伊红梅供图）

2. 挂家堂请财神

下午两点一过，人们就开始摆供，先是将正屋重新打扫干净，面南靠墙东北角摆好供桌，挂好苇帘，请出家堂依附着帘子挂好，并在墙上贴好增幅财神。供桌上铺着桃红色的供纸与桌围，桌围是用桃红纸印制的木板年画，印有

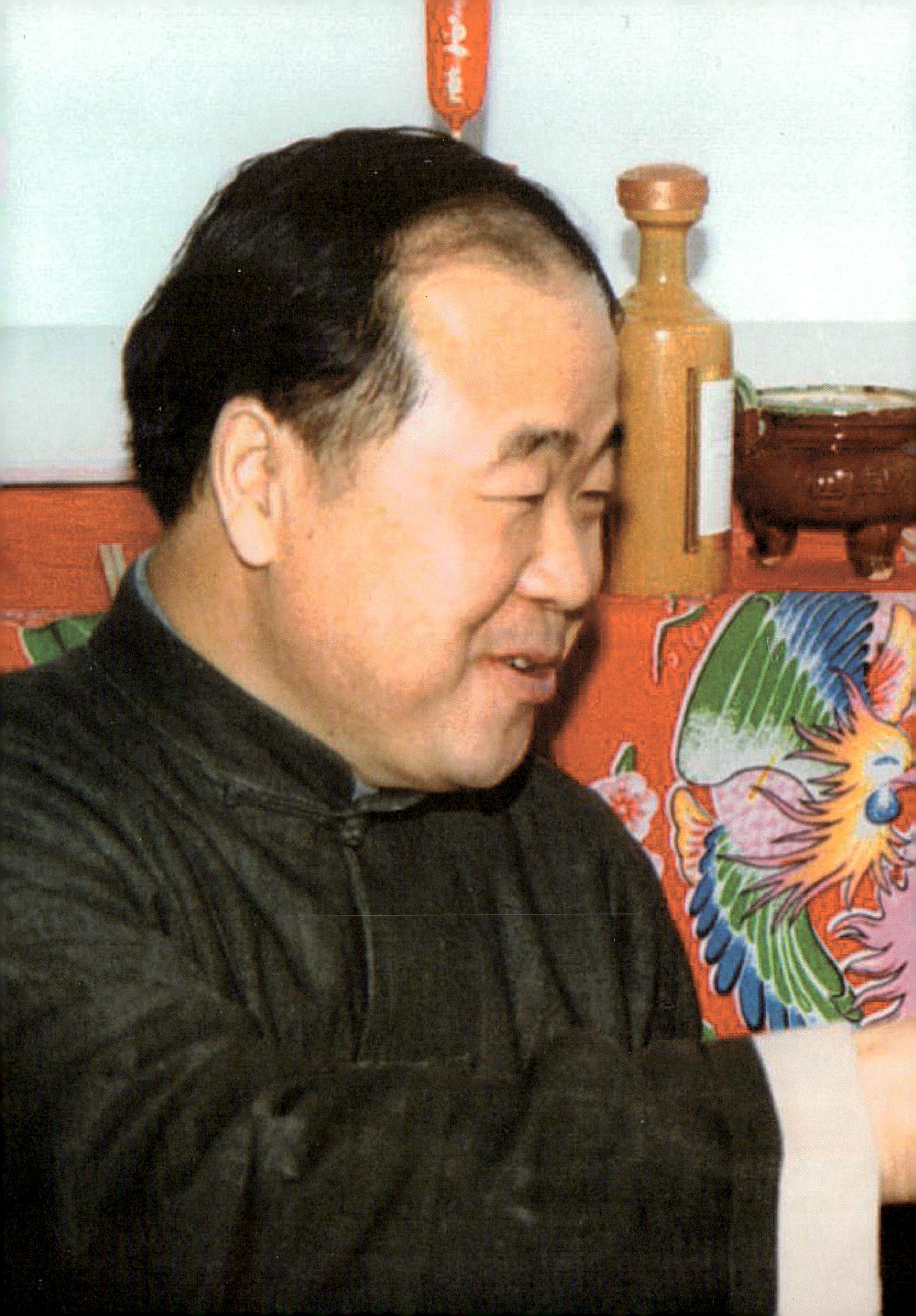

回老家过年——高密籍著名作家莫言同诺贝尔文学奖获得者大江健三郎在老家东北乡平安村旧居供桌前祈福（高密莫言文学馆供图）

"连年有余、八洞神仙"图案，或者"一夜连双岁，五更分二年"等字样，年集上能买到，很便宜，块把钱一张。等到供筷、供酒、烧纸、年糕、桃枝、香炉、供香、对狮蜡烛台、神虫、饽饽、面花、斧头依次摆好后，原本朴素无奇的正屋立刻变得庄严而神圣。在天井里，还要摆好祭祀天宫百神的供桌，供桌正中放一只香炉，两摞白面饽饽，还有几叠烧纸。姜四村的梁氏祠堂，是姜庄镇目前仅存的百年民祠，祠堂的供桌上是梁氏各家精心制作再按时送来的供品，色香味俱全。蜡烛台多为聂家庄产的彩绘泥狮子，模样酷肖家堂画面中的石狮。平日劈柴用的普通铁斧，清洗干净后，压在家堂的下部边缘，以示祈福。已经暗育花苞的桃枝被虔诚地折来，捡一枝形正粗壮的，端正地放在供桌的右上角，紧挨着插枣的年糕，短小些的枝条则被斜插在门框上。

3. 接祖宗

摆好供后，男人们就要去墓地恭请祖先回家过年。近处的祖先可以到墓地去请，远处的先祖要回家就要有路费，于是，人们就在十字路口办书邮送冥资。

他们用大拇指摁住烧纸，划小船似的轻轻几下，三张一摞，一折就变成了墓祭用的纸钱冥资。高密还有一种木版印制的年画，尺幅很小，一格一格的，印有众神头像，这些神职，头像大小不一，民间俗称"神码子"。除夕墓祭前也分别剪开，夹放在厚薄不同的纸钱里面。

一般在下午三点多，合族就开始上坟请老祖宗回家过年。姜庄镇卞家屯村杨氏是个大家族，祖坟星星点点散落在村子周边的耕地里。族长杨清华摆好自家的供桌后，就带着儿孙们来到村南十字路口，燃响一支长鞭。同族四十多户男丁听鞭响，立刻带好祭品，走出家门，三三两两地很快聚拢至村口。积雪初融，地面濡湿，一脚踩下去，鞋印深深，靴子上很快就粘满了厚重的黑泥巴。徒步穿越松软的耕地，一个来回需要两小时。墓地周围烟雾缭绕，大人们忙着在祖坟前放鞭炮，烧纸钱，祭奠酒水，然后集体磕头。孩子们快活地在人群里跑来跑去。烧纸在鞭炮声中燃烧着，红彤彤的火焰映照着一张张真诚的面孔。冬日空旷的田野和寂寥的墓地里，顿时充满了浓浓的亲情。

在卞家屯村东头的十字路口，乌泱泱地聚满了杨氏一脉五服内墓祭归来的男丁。他们或抽烟，或拉闲呱，一支响鞭在"劈哩啪啦"地燃放着。杨清河是个七十多岁的老者，能够识字断文，通晓当地人情世故，族里的红白喜丧都是他出头露面。老人跟我们解释说，他们这一支骨血是从本镇老屯村迁移过来的，先前卞家屯杨氏门户较少，在除夕下午，招呼招呼各家一块儿到五六里地外的老屯村去上祖坟。现在卞家屯杨氏子孙开枝散叶，有几十户人家了，招呼起来有些麻烦，就只好给血缘较近的祖宗先上完坟，然后在村东口集合所有杨氏男丁，把各家各户给最高祖宗备好的冥资办书邮去。

办书听起来很神秘，这是高密民间传说的能够传递阴阳两界信息的古老巫术。其实仪式操作起来很简单，那就是先请当地德高望重通文墨的人书写神符，即在一张烧纸上写好阳间亲人们的祈愿，然后在向阴间亲人兑现这种祈愿的过程中将神符焚化。现在能够主持这种仪式的老人越来越少了。

十字路口，人们将一摞摞烧纸堆积在一起，族长大声诵读着后人们对祖宗的虔诚与祭礼，码成小山的烧纸在鞭炮声中欢快地燃烧着：红彤彤的火焰，一张张虔诚的面庞，烧纸焚成灰，如翻飞的纸蝴蝶……用这样的方式表达对远方已逝亲人的心意，孝义山东，淳朴高密，在接祖先的礼仪上真是尽心尽力。

仪式举行完毕已是天近傍晚了，人们用胳膊夹了些谷秸急匆匆回家。

4.到家归位

天黑了，祖先们的魂灵紧跟着前来祭拜的后人回家，按照家堂中所填写的牌位名号各就各位，享用祭品并降下福祉。

传说中祖先是骑着高头大马回家过年的，于是在大门口或是庭院里要放一些谷秸，喂饱祖先们的坐骑。祖先到了，家家户户会摆好拦门棍，阻止不相干的鬼怪干扰本家对祖先的祭祀。

5.守岁

晚上，水饺下到锅里，鞭炮燃响，家主赶紧在屋里、院子里点蜡、上香、上供、烧纸钱、磕头，祭奠祖先。全家饭毕，就开始守岁。男人们开始喝团圆酒，老婆孩子则看春节联欢晚会，也有些爱热闹的年轻人凑在一起玩扑克赢小钱，无论输赢脸上都是喜盈盈的，反正肉烂了都在锅里嘛。

6.年夜祭祀

午夜，伴随着阵阵密集的鞭炮声，过年了。外面漆黑一片，星星在遥远的天幕上眨巴着神秘的眼睛。人们在自家正屋、天井里、牲畜圈棚以及大门外，忙着上供、上香、烧纸钱、磕头，开始了对祖宗及天地众神的祭祀，就连大门外可怜的野鬼游魂，也能得到几碗饺子的薄祭。天地众神同祖先神灵们齐享香火，天地间满是祥和与吉庆。这时小孩子谁也不敢跨出大门，在老人的好言劝诱下，才硬着头皮去收回门外那些供养的小碗。也许真的是阴间阳界有分别，回到热气腾腾的房间，走过供桌的时候，香烟缭绕，烛光摇曳，家堂中那些先人们的影像，袭着古朴的华丽服饰，享用着子孙们的供养，面容愈加慈善了。有淘气的孩子从供桌前轻快地溜过，偷偷瞅上两眼，只觉满家堂画面过世先祖们的眼睛都鲜活了，跟随着你。转到另一边去看，那些神秘可亲的眼睛还是跟随着你，他们便相信了大人们叮嘱的话："供桌上的东西是老爷爷老奶奶们来吃的，小孩子不要眼馋，更不能碰。"只是孩子们总奇怪供桌上的美味为何丁点也不少。家堂供奉年岁久了，便会因烟熏火燎褪色破损，人们往往买张新的依原样填好，旧的在送年时于供桌前焚化。

家家大年夜吃的饺子，是素馅的，不放肉。一方面，人们认为祖先已经成佛成仙，上供的饺子是素的才合乎规矩，祖先吃素，后人当然也要陪着吃素。

电视纪录片《高密年俗纪录》之高密姜庄镇梁氏祠堂祭祖仪式现场（伊红梅供图）

另一方面，就是从语言上祈祷安宁，素素静静，平平安安。这素一直要坚持到送祖先离家为止。年夜饭是绝对不能容许外人上桌的。谁吃到的包钱饺子越多，谁就是这家的福星，预示着这个人来年会发大财。

7. 家族拜年

吃过年夜饭，子时已过，三星在南，新春伊始，开始拜年了。老人和女人守在家里，拿出瓜子、糖果、香烟，沏好茶水招待同族前来拜年磕头的人。男人则带着男孩子们外出拜年。拜年可是有规矩的，进门要先喊一声"过年好"，然后跪在供桌前，先给祖宗们磕一个头，再根据辈份，分别给长辈们磕头，每磕一个头都要大声喊"给您磕头了！"家主这时候就会满心欢喜地说：好！好！快上炕吃饺子吧！老人照例要给来磕头的孩子分发压岁钱。通常平辈人不磕头，也有小叔子和年轻嫂子嬉闹，硬要给嫂子磕头讨要压岁钱的，这往往会给大年夜增添许多和乐的气氛。在过去的一年中，同族里要是有点小不和气的，往往在供桌前给祖宗一磕头就和解了。一枝同脉的毕竟是血浓于水嘛。当然了，一个天井一个天，像姜庄镇吕氏家族是吃罢年夜饭就埋头睡觉，正月初一清晨才拜年祝福。

8. 添喜

新正大月的，一些庄户剧团和秧歌队还有串乡演出的习俗，他们浓妆丽彩，敲锣打鼓，串乡演出，娱神添喜。演出队伍常常会驻足在富裕人家的大门口，由戏把头说上些过年发财的吉利话，户主会欢心接纳并给予一定的礼金。今年是虎年，聂家庄的泥叫虎呜呜响起来了，艺人们赚鼓胀了腰包。簇拥着添喜队伍，耍正月的人们汇涌成高密新春喜庆的狂欢。

9. 押锅

过年期间，每天三餐前都要上供、上香，锅里添上水，在箅子上放上年糕、豆腐、元宝或者面鱼，叫押锅。意为年年有鱼、合家有福、日子越过越高。

10. 送年

到了正月初二傍晚，要恭送祖宗及众神返回天堂，这就是送年。此时送年的鞭炮声开始响起，一直会持续到初三清晨。虽说不同姓氏门族送年时间各异，但祭仪上都相差无几，上香、烧纸、磕头、年五更供奉过的地方一个也不能落下。初三一清早就可以请下家堂收藏好，表示年已经过去了，人们这才开始吃肉喝酒，串门走亲戚，共同享用节日的佳肴。高密南乡岳家庙附近的岳氏则在正月初一这天送年，他们是南宋抗金名将岳飞的后裔，因为正月初一岳飞要辞别祖先上战场，其后裔徙居高密后，送年的旧俗也就沿袭下来。由此可见，高密人过年的中心就是祭祖和送祖，祖先就是年。

四、元宵上灯

在高密乡间，正月十五闹元宵，才是过大年的收尾。

从正月十四到正月十六这三天晚上，每家都要上灯，叫做"收了灯"，预示来年五谷丰登。还有踩高跷、跑旱船、舞狮等各种民俗表演，配上焰火、爆竹，真是到处都洋溢着喜庆的节日气氛。

过了元宵节，高密的年俗就结束了。年夜供奉过的大饽饽存放到二月二龙抬头食用后，高密的年味这才渐渐消淡了。高密的年俗，年味，年景，年仪，在大同中保持了特色，在血脉传承中体现了真情，真是古风古貌，意蕴深长。

（注：此文作者伊红梅）

东北乡礼仪——婚俗

谈到礼仪，礼节是一个非常广泛的课题，对于高密的风土民俗更是众说纷纭，但是内容丰富，突现了地方特色。历史沉淀了现实，现实是未来的历史，为此更能激发我们去挖掘历史的精华，不断推出更好的地方礼仪精品，切实发挥其和谐团结育人之功能，在这里粗略的介绍一下高密婚俗的礼仪礼节。

这里说的是传统婚俗，即旧中国的婚俗。主要介绍的高密东北乡婚俗与境内四面八方，大同而有异，这就是所谓的"十里不同风，百里不同俗"，但共同的是富裕人家繁，贫穷人家简，当然随着时代的发展而发展。只要男女成年以后，由媒人从中联系，男女双方的家长按自己的意愿和一些通行的迷信说法(岁数，属相，命的相生相克等)酌定。也有的找算命先生算卦的，但是这一过程并不是很严格，双方家长只要认为称心，多数不去过分苛求。双方家长相互暗暗了解，尤其是是对男女双方的暗访、看是必不可缺少的（多数是男女双方的家长去私访，也就是绍亲、了解）。对于聘礼的商定，只要男方能拿得起，很少有斤斤计较的，这时候婚事成与不成，都由双方父母包办，没有男女双方本人参加意见的权力（也叫嫁狗随狗，嫁鸡随鸡，生是他家人，死是他家鬼）。婚事即定，订亲、下煤启、送日子三步曲的礼仪活动不能缺少，随即启动。

1.订亲：也叫定婚，顾名思义是亲事已谈

婚礼

妥，无异议要定下来。

2.下媒启：也叫交换媒柬（即婚约）。媒柬的内容是男家向女求婚，空口无凭，立字为证。那个时候的媒柬，是一生的婚姻凭证，有法律效应，有官府的支持，极其神圣。一旦交换了媒柬，谁家悔婚，不但受到社会的谴责，打起官司来，也注定要输。好像今天政府发的《结婚证书》所起的作用。

3.送日子：就是男方家找查日子的先生，根据属相择定哪月哪日结婚好，还包括着上轿、下轿、坐床的时间、方向等，用红纸写明送到女方家中，让女方家知晓，有备待嫁。

这三部曲都是以礼仪进行，以表严肃、隆重。这三步都由男方家族长辈数人，带着礼品，多是猪肉、糕点、化妆品、衣料布到女方家中。行定亲礼时，必须由媒人带领，后两步如下媒启、送日子，媒人就不介入了。女方家隆重的设宴招待，酒饭完毕，女方梳妆打扮到客房向男家亲人问好，男方长辈代表当面拿出看钱来给女家女儿，此时，没过门的媳妇心情的紧张、为难、羞涩、忐忑不安表现的极为突出。

在很早以前，下媒启最为重要，因为一旦交换了媒启，才是婚事的落实。因此，礼品也最丰厚，有几斤重的大饽饽、几色(shei)，一色为12市斤)肉、鱼，而且所有聘礼都应交齐，女方家的招待规格已达到极致。但是，名曰下媒启，实则在定亲礼仪上已将媒柬交换了，名不副实，只是举行了仪式罢了。何时提前的无据可查。按情理讲，在订亲仪式上交换媒柬，反映了人们想尽快落实婚事的心愿。否则，尽管说得多么结实，无凭无据，总是虚无缥缈，有定而不定的感觉。因此，一旦有人有此创意，便很快得到了人们的效仿、响应，礼仪、名堂就不必管了，遂为约定成俗。

同样，交换媒柬提前，送日子也提到下媒启上，有顺延的意味，早知晓有利，因此送日子礼仪仍保留，送日子之后，婚期在即，男女双方家都在做着倒计时，以待婚期。因为送日子已经无要事可办，所以有的人家，多因婚期临近，干脆将下媒启和送日子合二为一，称之曰："连启带日子。"

吉日已到，结婚的礼仪是相当隆重的，"结婚小登科"，据说，七品县令路遇结婚队伍，都给让路。结婚之日，男女亲朋满堂，衣冠楚楚，熙熙攘攘，张灯结彩，贴对联，洞房更是摆设一新。迎亲的吹鼓手，头一天晚上即到新郎家招待完毕，即席围桌，唱戏曲段子助兴。喜主家送赏钱，人群围听，拉开了迎亲的序幕。

迎亲

迎亲日，男家备花轿，供新娘乘坐，新郎乘官轿去女家相迎，新郎衣着仿九品官服，冠插金花，又像学子登科，吹鼓手为主要仪仗，迎新队伍到了新娘家，吹吹打打，非常热闹。女方家一切准备就绪，并把安排的两个送客（新娘的平辈或长辈）身穿礼服，到官轿前将新郎迎出，领到女方庭院，这时的新娘早已梳妆完毕，内穿装心棉袄、棉裤，外套花衣（花衣是差上的），头戴风宗（当年慈禧太后的装束），坐在净面摆放的太师椅上，此时新郎的礼仪表现到了极致，表情的羞涩、动作的娴熟、手势及全身的多样变化，连送客都跟不上趟（当然这些礼仪动作是在婚日之前，有的三四天才学会），新郎在庭院行礼结束，两送客领新郎到客房用饭，用饭结束，一般下午2-3点钟，两送客陪新郎入官轿，待新娘发嫁。发嫁时，新娘衣着花衣，头顶红盖头，由两位已婚妇女将新娘扶入花轿内。迎婚队伍返回进村，到大街后，两乘轿子缓慢进行，在轿杆的弹力下，轿体上下舞动，好不美丽，名曰踩街。这时的吹鼓手，使尽全身招数吹打，旁观的邻里拥挤不堪，差上还安排唱戏段子助兴，非常热闹，此为迎亲高潮。迎亲轿子到了新郎家门前，轿落下，男方家安排女方送客到客房休息用饭，这时婆婆端着火盆到花轿前，掀开轿帘让媳妇伸出手和脚来，象征性地烤手烤脚还念念有词，说什么"先烤手后烧脚，烤烤生性好割伙"，然后由男方安排的嫁女客，提着一个用红包袱包着一个老式升，升里放上一把斧头来到花轿前，递给新娘名曰"接福"，再将花轿内的新娘扶出，新郎在前带路，

新娘

踏着红毯步入新郎家庭院。庭院内陈设的香炉、烛台、大饽饽之类的案桌早已备好，由新郎家族中辈分最高的长辈，领新郎拜天地，嫁女客扶新娘在旁站着，长辈和新郎拜天地结束，新郎前导，先去踩炕（铺炕、封窗等大伯早已完成），有什么讲究，无人知晓。新娘由嫁女客搀扶到净面门口迈鞍子，步入净面（名曰安子），再入洞房，炕前紧贴炕旁放一张吃饭桌子，桌子底放两碟子糕，让新娘踏着桌子上炕（名曰步步登高），新娘按查日子的坐向坐好，新郎用筷子将新娘盖头挑起来，这时邻居送小饭的（必须是姓王的，名曰：王母娘送小饭注定生个小男孩），象征性端着碗给新娘用饭毕，新娘坐床。新娘的送客临回前，到亲家与新娘公婆辞行，并必要说些姐妹侄女若有不足，请谅解的客套话。闹房是结婚仪式中最热烈的场面，自新娘坐床毕到晚间喝合婚酒后，新郎的平辈或小辈，无论是同族，还是异性，不管男女老幼，洞房内挤得水泄不通，叽叽喳喳，喜气洋洋，直至深夜。日落，新郎新娘喝合婚酒。此间为新郎新娘首次对话的场合。合婚酒毕，新娘到公婆房内向公婆问好。

  东北乡的礼仪都是教育的内容。婚俗礼仪同样如此，整个婚礼细节不胜细数，其全程体现了隆重、伦理、喜庆、吉祥，有的细节暗示了婚后生活的美满、早生贵子的期望。不管有些迷信色彩，按理来说，是家人对未来美好愿望的表达。不管新郎、新娘，不能尽理解其中寓意，在朦胧的意念中，按程序走下来，仍有陶冶情操的作用。传统婚俗与其他风俗一样，具有鲜明的时代特点。至于结婚第三天，女方家派亲人携带礼品到男方家"看三"，以及女方家的叫头一趟送过麦等等习俗，应是婚俗礼仪的续曲。

图书在版编目（CIP）数据

中国扑灰年画之乡：山东高密 / 徐明主编. —北京：中国文联出版社，2015.3
ISBN 978-7-5059-9394-5

Ⅰ. ①中… Ⅱ. ①徐… Ⅲ. ①民间艺术－介绍－高密市 ②年画－介绍－高密市 Ⅳ. ①J12 ②J218.3

中国版本图书馆CIP数据核字(2015)第047660号

中国扑灰年画之乡——山东高密

主　　编：徐　明	
出 版 人：朱　庆	
终 审 人：奚耀华	复 审 人：柴文良
责任编辑：周小丽　王素珍	责任校对：王金孝
封面设计：王　鹏	责任印制：周　欣

出版发行：中国文联出版社
地　　址：北京市朝阳区农展馆南里10号，100125
电　　话：010-65389141（咨询）65067803（发行）65389150（邮购）
传　　真：010-65933115（总编室），010-65033859（发行部）
网　　址：http://www.clapnet.cn
E－mail：clap@clapnet.cn　　chaiwl@clapnet.cn
印　　刷：北京艺堂印刷有限公司
装　　订：北京艺堂印刷有限公司
法律顾问：北京市天驰洪范律师事务所徐波律师
本书如有破损、缺页、装订错误，请与本社联系调换

开　　本：787×1092	1/16
字　　数：266千字	印　张：17.5
版　　次：2015年3月第1版	印　次：2016年4月第2次印刷
书　　号：ISBN 978-7-5059-9394-5	
定　　价：88.00元	

版权所有　翻印必究